浙江省本科高校"十三五"特色专业建设项目
（浙江财经大学工商管理专业）资助出版

SHI JIAN ZHONG DE
CHUANG YE ZHE
SI KAO XING DONG YU XUE XI

实践中的创业者

思考、行动与学习

许胜江　赵昶　孔小磊◎著

经济管理出版社
ECONOMY & MANAGEMENT PUBLISHING HOUSE

图书在版编目（CIP）数据

实践中的创业者——思考、行动与学习/许胜江，赵昶，孔小磊著.—北京：经济管理出版社，2021.8

ISBN 978-7-5096-8019-3

Ⅰ.①实…　Ⅱ.①许…　②赵…　③孔…　Ⅲ.①创业—案例—中国　Ⅳ.①F249.214

中国版本图书馆 CIP 数据核字（2021）第 100022 号

组稿编辑：张莉琼

责任编辑：张莉琼　杜羽茜

责任印制：黄章平

责任校对：陈颖

出版发行：经济管理出版社

（北京市海淀区北蜂窝 8 号中雅大厦 A 座 11 层　100038）

网址：www. E-mp. com. cn

电话：（010）51915602

印刷：唐山昊达印刷有限公司

经销：新华书店

开本：710mm×1000mm /16

印张：10. 25

字数：174 千字

版次：2021 年 8 月第 1 版　　2021 年 8 月第 1 次印刷

书号：ISBN 978-7-5096-8019-3

定价：68. 00 元

序 一

　　浙江财经大学工商管理学院通过多年的发展，确立了一套以本科生的《创业管理》、硕士生的《创新与创业管理》和 MBA 的《创业与小企业管理》为核心的创新创业课程体系，形成了一个行之有效的校本创业教育模式。在教学方式上，各课程组做了一系列各有特色的探索：本科生《创业管理》课程推行创业计划竞赛，让学生学以致用，体现了《创业管理》课程教学、工商管理专业教育与各类创新创业竞赛训练的紧密联系；硕士生《创新与创业管理》课程突出研究训练（理论学习、文献报告和课程论文）与实践体悟（将课堂搬到校外，与创业者和地方政府部门人员同堂交流）的结合；MBA《创业与小企业管理》课程强调实践性，在基本理论教学的基础上，邀请众多创业精英走进课堂，分享他们思考、行动与学习的心路历程。通过多年实践，取得了一系列成果：学生在理论学习、实践参与和竞赛方面，成绩喜人；学院形成了一支创新创业教育与研究的优秀师资队伍，创作了一批优秀教学案例，指导了一批竞赛获奖团队；学院和教师与众多创业精英和企业建立了信任和合作关系。

　　案例教学是商科教育中行之有效的重要教学方法。浙江财经大学工商管理学院特别重视案例研究、开发和教学培训工作，设有浙江财经大学管理案例中心。《实践中的创业者——思考、行动与学习》这本富有情怀的本土案例集，由我院三位教师在大量调查和系统研究的基础上，精选案例，历时四年创作而成。它凝结了作者的大量心血，展现了他们教书育人的本心。

　　这个案例集创作的第一个亮点是它的事件史表述手法。它采用当事人"怎么想、怎么做和如何学习"的基本框架，原汁原味地呈现实践中的创业者思考、行动和学习的心路历程。诚如本书《前言》所说，作者们抑制了心中发现、诠释和发表的欲望，把自己研究的方法与行动、依据的理论观点和研究所揭示的东西隐藏起来，做到看破而不说破，让读者自己在原始故事全景中去感悟、思索和发现。此等良苦用心，虽难做到，但对于创新创业课程的学习者和缺乏实践知识的教师，的确是很好的参考教材。

这个案例集创作的第二个亮点是它全部采用本土大众创业案例，而非高大上或高精尖项目。相比那些知名传奇人物的和高大上的创业故事读物，它对于普通学生可能更加具有学习和借鉴意义；对于自身专业技能不强、各种资源不足和环境条件有限的大众创业者，也更加具有榜样性和激励性。

这个案例集创作的第三个亮点是它教育和训练了一批工商学生，锻炼了教师自身。围绕案例开发过程中的深度访谈、实地调查、参与性观察、资料整理、情景研究和文稿写作等环节，教师们吸收了许多学生参与相关工作。学生不仅在课程知识、调查资料和专业教师与创业者的交流信息的融合中，加深了对创业理论和创业实践的理解，而且在学年调查报告、毕业论文和竞赛中收获佳绩。案例开发过程中，教师自身在深入实践、理论体悟和写作方法上，获得了提升和突破。

相信本案例集是从事创业教育工作的教师、学习创新创业课程的学生和实践中的或潜在的大众创业者的良好读物。我赞同本书《前言》中的观点：创业之所以重要，不仅因为它是一种创造财富的人类活动，而且因为它是一种催人奋进的精神动力，更因为它是一种突破现状的思考、推理和行动的方法。殷勤期望工商管理学子们通过这样的读物，加深对理论洞见的感悟，激发深入实践的热情，壮大亲身尝试的勇气；在关注工具理性的同时不忘关切更为重要的价值理性，创造出负责任的人生和事业。更重要的是，好好学习成功创业者们那份深深地扎根于心底的勇于创新、敢为天下先和百折不挠的创业精神。本案例集的创作本身就是工商管理创新创业教育工作的一项创新创业活动，希望有更多的教师投身于工商管理教育教学工作的创新创业活动。

王建明

浙江财经大学工商管理学院院长

2021 年 2 月 2 日

序 二

　　早已听闻许胜江副教授、赵昶副教授和孔小磊博士在谋划系列创业管理案例的创作。作为浙江财经大学《创业管理》课程的负责人，一直盼望着三位老师的成果能早日面世。前几日，许老师联系我，告知书稿接近付梓，并邀我作序，我欣然答应。

　　浙江的一个特点是"老板多"。每9个浙江人中就有1位老板。因此有人说，浙江人血液中天然流淌着创业者的血液。浙商遍布天下。据估计，省内有400万浙商，省外有650万，海外有150万。在当代中国，浙商位居我国四大商帮之首。为揭示浙商风云人物的过往与当下，相应的著述也很多——在车站、码头和机场的书店里随处可见。报章和媒体上出现的也基本上是他们的影子。换言之，市面上的著述大多围绕耳熟能详的风云浙商展开——写马云、南春辉、宗庆后、李书福等的书可谓汗牛充栋，而我们身边那些普通的创业者却鲜有刻画与描述。基于此，许胜江副教授、赵昶副教授和孔小磊博士在这方面做了有益的尝试。他们合著的《实践中的创业者——思考、行动与学习》挖掘了浙北湖州、嘉兴和杭州三地10位"普通"创业者的故事，用小说般的笔调记述了这些"小老板"白手起家的过程，烟火气浓郁，读来亲切、接地气。以身边创业者的案例诠释创业概念和理论，其能带给学生的启迪或许并不亚于那些讲述风云浙商的案例。毕竟，当学生觉得创业并不是那么高不可攀时，其学习兴趣和动力也会陡然增加。

　　浙江财经大学地处省会杭州，可以说"坐"在了观察浙商最有利的位置。浙江财经大学工商管理学院以研究浙商、讲好浙商故事和为浙商贡献管理智慧与思想为使命。这本案例集的出版，可以说是学院教师忠实践行学院使命的一个例子。这本案例集的出版，给学院其他教师树立了一个榜样。在此，我们号召未来有更多的浙财教师，能进一步用好地理位置优势，深入田间地头、厂矿企业，记录好、讲述好千千万万的浙商故事。对我们来说，讲好了浙商故事，也就等于讲好了中国故事。因为浙商故事是中国故事的重要组成部分。特别值得一提的是，当下我国大学正逐步强化人才培养的本位。三位作者在撰写本书过程中，带着学生考察和记录身边的创业故事，不仅培养了学生的调查研究能力，也在无形当中向其灌输了创业精神，埋下了创业的种子。这种产研、产教合一的做法，值得肯定和赞许。也期待有更多的浙财教师，出于强烈的育人情怀，积极效仿三位作者的行动，培养出更多具有创新创业思维的毕业生。到那时，我们浙江财经大学工商管理学院建设创新创业型学院的目标或许就能实现了。

是为序。

戴维奇

浙江财经大学工商管理学院副院长

2021 年 1 月 26 日

前　言

　　创新是人类社会发展的永恒动力，创业则是创新价值实现的重要途径。创业之所以重要，不仅因为它是一种创造财富的人类活动，而且因为它是一种催人奋进的精神动力，更因为它是一种突破现状的思考、推理和行动的方法。随着创新与创业的精神和行为在社会发展中的重要性日益彰显，学术研究不断深入，知识和技能教育迅速普及。国际社会正日益重视和普及创业教育，加大鼓励和扶持创业活动的力度。在创业领域，一方面已经积累了大量优秀的实践范例、学术成果和教学案例，另一方面仍然缺少一些可供大众创业者（行动中的和潜在的）和普通高校中的创新创业课程学习者阅读、思考和借鉴的原味读物。顺应创业教育普及和创业实践深化发展的形势，经过四年时间的深入调查和跟踪观察，我们从收集的众多创业案例中，选择具有代表性的十个，撰写了《实践中的创业者——思考、行动与学习》这个案例集。希望它作为一本以事件史方式呈现的故事读物，能够对相关专业的教师和学生，以及大众创业者，有所启发。

　　案例集中收录的案例涉及第一、第二和第三产业，生产型和服务型的行业，传统和现代的产品与服务，劳动密集型和信息与技术密集型的业务，国内生产与服务、国际贸易和跨境电商等不同领域。案例的主人公既有社会声望较高的优秀共产党员和劳动模范，也有平平淡淡的普通创业者；既有曾经的企业职员，也有高考状元和海归学子，还有公职干部；既有60年代初出生的长者和正当盛年的"70后"，也有比较年轻的"80后"。他们都是白手起家的创业者，创办和经营的是平凡而非"高大上"或"高精尖"的事业和企业，属于创业者中的大多数，具有大众代表性。虽然只有十个案例，但也比较丰富地呈现了创业者真实的思考、行动和学习方式，对于有心的读者来说，应当具有多视角和多层次的学习意义。

　　案例创作经历了三个阶段：通过系统调查和持续跟踪，收集创业者及其创办的企业的全面资料；对资料进行汇总，形成以事件为中心的叙事史；根据叙事史，量体裁衣，撰写成创业案例。最终文稿在创业者及其创办企业相关人员口述史、作者参与性观察所获资料和企业内部资料等众多信息源的基础上，遵循当事人（创业者及其团队）当时"怎么想、怎么做和如何学习"的框架形成。除了必要的逻辑处理，原汁原味地呈现了创业者及其团队成长与发展的思考、行动与学习过程。

对案例集收录的案例，最初以深度访谈和实地考察为主的系统调查，由浙江财经大学工商管理学院教师许胜江组织部分 2015 级企业管理专业的硕士生、2015 级工商管理专业与市场营销专业的本科生和 2017 级工商管理专业的本科生共同完成。最初调查中的访谈话语和录音，由学生原样整理成文字材料。从十个案例前期调查形成的文字材料中提取基本故事素材的工作，九个由许胜江完成，一个由赵昶完成。后期的跟踪调查由浙江财经大学工商管理学院教师许胜江、赵昶和孔小磊分头进行。工商管理专业 2017 级和 2018 级的部分本科生参与了后期跟踪调查，并把调查中的访谈话语和录音原样整理成文字材料。在基本故事素材稿的基础上，各案例的文稿由许胜江、赵昶和孔小磊分别撰写完成，并经集体讨论后分头修改定稿。

十个案例的最终文稿，分别经过当事人和所在企业负责人的仔细审阅，并授权公开出版。限于作者的专业水平，可能没有充分发掘出各案例的鉴赏价值，突出各自的特点和亮点。鉴于三位撰稿人在认知和行文风格上的差异，十个案例可能在标题提炼、逻辑架构和叙事形式上没能达到应有的一致性。欢迎读者提出批评意见和改进建议！

这本案例集的创作，是我们在创新创业教育工作中实践的一项创新创业活动。它在本质上是一种事件驱动的研究，而不是一种简单的史实编写。做这件事最大的难点在于，作者要牢牢抑制住心中不时冲动的发现、诠释和发表的欲望，把自己研究的方法与行动、依据的理论观点和研究所揭示的东西隐藏起来，做到看破而不说破；把读者带入创业案例的原始场景，让他们自己去感悟、思索和发现。虽然著作这样一本案例集，作者在对案例的研究、思考和创作中所花费的精力，丝毫不亚于单纯围绕案例进行的学术研究和教学案例开发，但是，它可能仍然满足不了读者的期望和口味，因而可能是一件费力不讨好的事。把它定位成一本创新与创业课程的教学辅助读物，对于愿意学习的学生和缺乏创业实践知识的相关教师，应当是有意义的。它对于大众创业者，应该也有独特的鉴赏价值。这是我们的初衷。

许胜江

目　录

创新驱动的深耕细作与综合经营
——邱氏父子编织甜蜜价值网[①]

许胜江

　　邱汝民，1962 年出生，外界称其为"蜂状元"。1983 年他辞去小学教师工作，跟随姐夫学养蜂，三年后独立养蜂，至今不改初衷。从养蜂产蜜，到蜂王培育与销售、蜂机具开发与销售，进而建立农业农村部畜禽标准化示范场和省级一级中蜂种蜂场，37 年如一日，执着地追求着他的甜蜜事业。邱汝民 2002 年创办长兴意蜂种蜂养殖有限公司，2006 年创办长兴蜂府养蜂专业合作社，2013 年创办湖州市蜜蜂研究所，2017 年任湖州蜂业研究院院长。他培育的蜂王，得到全国养蜂人和养蜂专家的高度认可。他先后获得 AAA 亚洲优秀蜂农（2010 年，亚洲养蜂联合会）、浙江省劳动模范（2017 年）和全国五一劳动奖章（2017 年）、全国蜂业突出贡献奖（2019 年，中国养蜂学会）等荣誉称号和奖项。

　　邱凯，邱汝民之子，2003 年高中毕业，次年在县城开设门市部。他把乡下生产的蜂产品拿到县城销售，在提升价格和利润的同时，慢慢形成品牌意识。2010 年，邱凯从浙江广播电视大学长兴学院畜牧兽医专业毕业后，跟着父亲从事蜂业生产经营和蜂机具开发销售。2015 年 3 月，他接替父亲，任长兴意蜂蜂业科技有限公司和长兴蜂府养蜂专业合作社的法人代表。2016 年获得第四届浙江农民创富大赛创意发明类好点子奖。他从传统实体店转向 O2O，

　　① 本文根据作者对邱汝民和邱凯父子的深度访谈和对他们创办和经营的公司的现场调查所获得的系统资料撰写而成。第 1～3 部分记录了邱氏父子创业学习的经历，第 4 部分展示了他们创业学习的一些经验与启示。全部故事材料和思想观点由邱汝民和邱凯亲述，并从公司调查中获得印证和补充。原始话语记录及录音整理工作由 2015 级企业管理专业硕士生董会芳和 2015 级工商管理专业本科生黄其斌完成。作者在忠实于邱汝民和邱凯话语原意的前提下进行写作，文稿经邱汝民和邱凯本人审核后授权出版。

开创旅游直销，与父亲一起开办养蜂技术培训班，成为甜蜜事业的创二代。

邱氏父子创办和经营的长兴意蜂蜂业科技有限公司（以下简称"长兴意蜂"或"公司"），是一家集种蜂王和蜂群培育与销售，蜂产品研究、生产和销售，蜂机具研发、生产和销售，养蜂技术培训等业务为一体的省级农业科技企业和湖州市重点农业龙头企业。公司关联实体有长兴县意蜂种蜂场（国家意蜂良种基地和浙江省一级意蜂种蜂场）、湖州市蜜蜂研究所（浙江省首家市级蜜蜂研究所）和长兴蜂府养蜂专业合作社（全国蜂农养蜂示范专业合作社）。公司与浙江大学动物科学学院合作共建的优质高产意蜂及蜂产品研发中心，是国内一流的现代化养蜂及蜂产品研发技术创新平台。公司与浙江大学农业技术推广中心和湖州市农科院合作成立了湖州市蜂业研究院，与长兴县人民医院合作建立了浙医二院长兴院区中医蜂疗研究院，与长兴县中医院医共体集团合作开发中医蜂疗养生技术。公司通过质量管理体系认证和环境管理体系认证，获得浙江省标准化示范基地、浙江省科技示范户和全国蜂产品行业龙头企业的称号，现为浙江省养蜂学会常务理事单位和中国养蜂学会会长助理单位。

公司培育和供应意蜂和中蜂两个蜂种的种蜂王和种蜂群。公司培育了长兴意蜂，被中国蜜蜂育种委员会认定为良种保种单位，年培育种蜂王10000只，已向全国28个省、自治区、直辖市提供蜂种38000余只。2016年成为国内供应量最大的蜂王培育者之一，供应量10000只，销售额达到280万元。公司培育的太湖中蜂种蜂王包括蜜型新王、蜜型老王、人工授精蜂王和特优王四种规格。公司生产的蜂状元牌活性蜂王浆、汝民牌蜂胶西洋参软胶囊、蜂花粉和蜂蜜等产品，荣获国家级无公害农产品、中国蜂产品百强品牌、浙江省著名商标、浙江名牌农产品、浙江省无公害农产品产地认证和浙江省农博会新产品金奖。公司与浙江大学动物科学学院和浙江省中医药研究院合作开发的汝民牌蜂胶西洋参软胶囊，历经5年的申报时间，于2012年获国家食品药品监督管理局保健品批号（国食健字G20120131），获得2010年中国发明专利。公司开发的梅花土蜂蜜，被中央电视台第二套节目《生财有道》采访。

邱氏父子在一个传统小农式经营的行业中，几十年如一日，坚守与创新并举，通过深耕细作、综合经营和稳健发展，编织甜蜜价值网，创造了一番不平凡的事业。邱汝民说："我们就是发扬蜜蜂精神，做好甜蜜事业。提倡工匠精神，把自己这一行做得更好更精。"

1 从民办教师到养蜂能手

1.1 弃教转行

1978 年，邱汝民高中毕业后考取村里的小学教师，暑假到公社培训后，下半年就开始教书。一个教室内将近 50 个学生、一、三、五年级同堂，实施三复式教学，所有教学工作由他一个人承担。邱汝民做事很认真，他想装一盏电灯，下午稍微晚一点放学，别人三点半放学，他四点多放学。那时候教学质量抓得严，经常搞竞赛。他的学生每次竞赛，一般在全公社排第三名或第四名，不会低于第五名。当时一、二、三等奖的奖金分别是 10 元、8 元和6 元。第二年，他评上了天平公社先进教师，全公社 300 多名教师中，他是最小的一个。

1983 年 6 月，他弃教养蜂，主要是经济原因。当时民办教师工资 15 元/月，班主任补贴 2.5 元/月，加上大队的工分补助，月收入将近 20 元。他想这样下去不行。他家移民过来，住的是国家盖的三间平房，弟兄两个，姊妹四个，人口多，家里比较困难。此外还有安全方面的原因。一次，在上课的过程中，他发现一个三年级学生出去不见了，到处找不着，最后发现他到河里喝水时滑下去了，幸好爬上来了。还有一次，下课时，孩子们你追我赶，一个学生突然口吐白沫，身体瘫软了，急得他赶紧去旁边叫加工大米的师傅帮忙，掐人中、喂水，最终该学生醒了过来。由于当时农村的教学条件很差，安全隐患很多，邱汝民的心理压力很大。

邱汝民 17 岁开始教书，姐姐 18 岁开始教书，妹妹 20 岁开始教书。他当时想，家里人都教书，收入不高，责任重大。是不是换一个行业，换一个工作？正好二姐夫是养蜂的，一年能挣两三千元。他想差别太大了，两三千元，自己起码要奋斗十年，于是决定放弃教书，也去养蜂。邱汝民交了辞职报告，校长还不舍得，说："你是最小的一个，你工作还是很认真的，你不要放弃。"他说："我还是去找一条新的路子走走。"

1.2 艰苦学养蜂

邱汝民跟着二姐夫学养蜂，一去就感到不一样的滋味，非常苦。那时候，先用拖拉机把蜂箱从自家门口运到长兴货运站，再统一装火车，七八家拼在一起，直接发到青海、甘肃或宁夏。火车上一坐就是一个星期，搭一个帐篷睡在里面，饿了就吃干粮，渴了就喝点自来水。火车一个车厢装三排蜂箱，背靠背装两排，单面一排，两边走道可以喂食。"人进去被蜜蜂叮满，那时候的蜜蜂不像现在的蜜蜂，野性大，很凶，咬得你都要跳起来，叮得你眼泪直流。"到那边还要适应气候。"到青海之后，因为缺氧，我们二十来岁的人像七八十岁一样，出气都接不上，要挑一点东西更吃不消，水也喝不习惯。一般饭也烧不熟，一定要用高压锅。"

出去之后，他感觉养蜂还是没有教书舒适。"教书，把学生成绩搞好就好了。但这个就不一样了，点点滴滴都要自己亲身体会的，不然你没有办法弄懂。"他就咬着牙，天天跟着师傅学。"我现在搞培训班，经过这么多年积累的养蜂技术，在十天当中就分享给大家，你少走了很多弯路。我们那个时候就不一样了，一点一滴地学。"邱汝民很用心，每天写日记，做了什么事情，蜜蜂情况怎么样，都记录下来。"我想，掌握这些东西总归有一个摸索过程，要慢慢积累。以后到青海，到这个地区，什么时候可以采蜜、采花粉、产蜂王浆，是怎么样一个过程，我都能够知道了。"

青海养蜂完了之后不直接回家，九月又直接将蜂箱通过火车转运到江西。到江西主要是让蜜蜂越冬，能够早点繁殖，那里天气比长兴暖和，年底蚕豆、油菜都会开花。在江西待几个月后，次年三月又回到长兴，让蜜蜂采油菜花。那时候他只在过年的时候回家几天，年后马上又去江西养蜂。这样一路过来，非常辛苦。在外地，要么住帐篷，在外面搭土灶，要么好一点的，到当地找别人的旧房子或者生产队的公房住，边上是没有墙的。"有的时候，你住在那里回忆，感觉是很心酸的，很苦的。"就这样，邱汝民跟着师傅，一做就是三年。

第三年九月开始，邱汝民自己养蜂。师傅给了他十箱蜜蜂，他回到家乡养。在家里，不只是看着十箱蜂，还要干田里的活，一不小心，跑了两箱蜂。终于，他在家里繁殖出了三十七箱蜜蜂。第二年他再跟姐夫一起装火车出去，各养各的蜂，独立核算。

1.3 成为养蜂能手

邱汝民蜂养得很好，周围和建德那边的人都知道。他的蜂为什么养得这么好？别人说因为他有文化、有技术。"我确实是养得很好，我一箱蜜蜂可能胜别人两箱或者三箱,产量也是最高的。"那时候蜂王浆的价格很高,收购价260~300元/千克,都由供销社收购。他想,只要收获50千克蜂王浆,就一万多元钱了。但当时蜂王浆的产量很低,一箱蜂只能产10~15克蜂王浆,最多不会超过20克。价格这么高,产量却这么低,邱汝民开始思考如何提高蜂王浆产量。

自己养蜂跑了两年之后,邱汝民想着到外地养蜂太辛苦,又容易出事,安全隐患很多,"这个不是长久之计。是不是从蜂王浆产量入手?把产量提高,我就不用出去了"。当时引进意蜂没有多少年,大家都说这种蜜蜂不能定地饲养,要流动饲养,追花夺蜜。四季追赶,装车转动,非常辛苦。"意蜂需要大面积蜜源,不能在家定地饲养。那个时候我想,只要解决蜂王浆产量,我就可以定地饲养。"

前后出去了五年之后,邱汝民就不出去了,他在家潜心探索如何提高蜂王浆产量。从1998年开始,他把重点放在选育蜂种上。当时车子也不通,蜂种要隔离选育,空中交配。他就雇人把蜂挑到龙山,对母蜂进行选育。经过一年多的选育,到第二早春,蜂王浆产量提高了很多,达到130~150克。蜂王浆产量提高了,邱汝民不用再常年外出养蜂了,定地养蜂的问题就这样解决了。

1998年8月,邱汝民被评为长兴县先进养殖大户。蜂种选育成功后,他于1999年办起了浙江省二级种蜂场(2000年升级为省一级种蜂场),专门卖蜂王。2002年,他建立了长兴意蜂种蜂养殖有限公司。"那时候长兴养蜂的人很多。我成立一个公司,当时还没有加工。大家一起卖给别人,价钱能多卖一点。"邱汝民后来建设了一系列的车间。公司办得不错,他还买了一辆车。2006年,邱汝民创办长兴蜂府养蜂专业合作社后,他一边做好村里的干部,一边养蜂,还要用心建设合作社。2007年,他评上了县和市两级的劳动模范,被评为县和市的优秀党员。

1998年10月,林城镇人民政府任命邱汝民为村里的经济联合社社长。后来他还担任了生产队长。1998~2008年,邱汝民担任村干部10年,除了自己养蜂,他为村里修路、建毛豆合作社、交医保、收公粮,做了不少事。期间辛苦和委屈,一言难尽。2008年,他辞去村干部,从此潜心养蜂。

1.4　开始养蜂科研

当时,长兴养蜂的人很多,至少有300人,蜂箱起码能装7个火车皮。邱汝民的蜂王浆产量特别高。起初，别人以为他是从哪里收购来的。名声传开后，很多本县的和安吉的人慕名而来，看他起蜂王浆。1998年，他写了第一篇文章，《中国养蜂》（现在的《中国蜂业》）刊发了①。这篇文章一登，来自全国各地的信件很多，几乎每个星期都在几十封。他每天除了整理好蜜蜂，晚上就写回信。"回信了之后，来的人也慢慢多了，有的人比较近，自己过来。"

当时，奉化一个专门为浙江林学院（现浙江农林大学）养蜂的蔡师傅，看到《中国养蜂》杂志上的文章后，就来找他。邱汝民说："他看了我的蜜蜂，晚上又跟我聊天，一直聊到凌晨两三点。他说他给浙江林学院养过四五年蜂，说'根据我养蜂的经验，你这个蜂比那边要好多了，你赶快申报一些科研项目，来研究本质上的问题。'"蔡师傅提示邱汝民可以去科技局立一个意蜂选育的课题。"聊了之后，我就去县科技局申报了《湖州市长兴意蜂优质高产性能选育》这样一个课题。这是我人生中最大的一个转折点。跟大家一起，跟老师或者学生一起交流，一起去摸索，偶尔，在交谈过程中有那么一点（提示、启发或灵感）就会使你改变。"邱汝民认为自己现在搞培训班，大家一起交流是一个很好的机会，在某个点上得到启发，比什么都重要。

《湖州市长兴意蜂优质高产性能选育》课题的立项单位是湖州市科技委员，科研经费4000元。邱汝民积累了一年多的数据。最后验收评审时，县里的专家不懂。蔡师傅说："你这个一定要评，由很专业的人来评审"。1999年底，在蔡师傅的提议和帮助下，邱汝民邀请中国农科院、省原农业厅、浙江大学和湖州市的专家对自己的研究成果进行鉴定。

这是邱汝民第一次接触科研。从此，邱汝民慢慢走上了蜜蜂研究和蜂业开发的道路。

2　技术创新建立养蜂的核心竞争力

邱汝民喜欢蜜蜂，他对追求产值没有很大兴趣，把主要精力放在创新上。经常琢磨改进两件事：一是产品，二是养蜂技术。邱汝民很清楚，面对行业中的大企业，自己在规模、销售渠道以及检测手段上肯定比不过。所以，他

---

① 邱汝民说，这篇短文是他写的，但署名不是他。

从蜜蜂育种，从创新方面下功夫，别人没有想到的，他去做。辞去村干部之后，他专心经营蜂产业，搞研发。研究成果通过论文发表，或者申请专利。他独立或者与人合作完成的发明专利有 12 项。《意蜂免移虫生产活性蜂王浆技术的开发项目》列入国家星火计划（2008 年 5 月至 2010 年 4 月），《意蜂新型抽动式超低继箱采浆技术产业化示范项目》被列入浙江省农业科技成果转化项目（2011 年 3 月至 2013 年 2 月）。这些成果为提高各地蜂农的产量和经济效益，做出了重要贡献。通过持续的技术创新，他在养蜂技术方面树立了独特的优势。

2.1 攻克蜂王邮寄难题

邱汝民发明的王笼获得 5 项国家发明专利。王笼中有合适的饲料和陪嫁的工蜂，蜂王在里面可以存活 15 天左右，最多达 25 天。用它邮寄蜂王，可以销往全国各地。

邱汝民培育的蜂王，主要通过邮寄方式销售。刚开始的时候，寄蜂王用木头盒子，里面放饲料。他研究了两个月，才将饲料调配出来。"当时我搞这个饲料的时候，怎么也调不出来。后来问很早就办过种蜂场的人，他还骗我。"有人说用蜂蜜沾上棉花放在盒子里当饲料，他照做，结果蜂王死了。还有人说用结晶的蜂蜜做饲料，但结晶的蜂蜜融化之后会流到蜜蜂身上，很多蜂王在邮寄的路上就死了。

邱汝民说，每样事情都是从事养蜂之后慢慢摸索出来的。"我很急。后来想办法，用白糖做饲料，蜂王一个星期没死，我就知道了。"后来，他把白糖研磨得很细，再加上蜂蜜和适当的花粉，调配出的饲料不会流动，终于成功了。

2.2 发明意蜂抽动式采浆技术

2008 年，邱汝民认识到，只养蜂是不行的。他喜欢每天晚上琢磨养蜂方面的技术难题，经过反复摸索之后逐一攻克。他发明意蜂抽动式采浆技术，起因于蜂蜜质量问题，而这个发明的改进，与福建农林大学蜂学学院的实习生有关。

抽动式采浆的关键在于对蜂王浆生产和蜂巢进行分区管理。原来的蜂箱采用插入式，在继箱上有一个竖插进去的筐子。全国各地生产蜂王浆都在继箱中进行，蜜蜂把成熟蜜封盖后，才达到封盖标准。但在继箱里生产蜂王浆，封盖很慢。一般的养蜂，一个巢筐放六个盒子，让蜜蜂去酿成熟蜜。问题是上面的蜂蜜能酿造成熟，下面的不能。养蜂人都知道这个模式不好，但没有人能想出改进的办法。"我做了一个更好的东西。我想干脆上面就不生产蜂王浆了，在继箱下面再加一个抽屉，上面生产蜂蜜，下面生产蜂王浆。这样分开就很容易成熟。"邱汝民把原来高25厘米的继箱，分成两个12.5厘米的空间。"我只要把这些小盒子排放在上面，蜜蜂就会把蜂蜜排在里面。"就这样，他发明了抽动式采浆技术。

当时做得并不完美。"这个抽屉采用活动的接轨，采蜂王浆很好。我拉上了两条铁丝，把采蜂王浆的筐一条条放上去之后，可以拉出来、推进去，但它还是有缺点的。"后来，福建农林大学蜂学学院的实习生向他提出，采蜂王浆的筐能拉出来是很好，但一条一条拉出来不方便，能不能把它们一起拉出来？于是经过几天钻研，他便改进了技术，一次性能把五个巢筐拿出来，操作很简单。

经过多次操作，邱汝民感觉用三节滑轨还不够完善。蜂箱里面机械轨道有个滑轮，被蜜蜡粘住，就拉不动了。他想，"那我就把三节轨改造一下，这个东西我可以不要。"他把外面的标准继箱突出一条，抽拉装置采用木头，使蜜蜂吐不上蜡。最后，他把整个采浆筐改成平面式，蜂蜜不会在里面吐蜡，采浆筐也可以一下子抽出来了。2016年，邱汝民完成了他的技术改造。

2.3 研究室内养蜂技术

如今，年轻人很少去养蜂。邱汝民希望养蜂事业能够持续发展，他想了很多饲养方式。2016年，邱汝民着重研究室内养蜂技术，开发了宠物蜜蜂，获得2016年第四届浙江农民创富大赛创意发明类好点子奖。

这种饲养方式他在五年前已经想过，挂在很多树上试验，没有成功。2015年他再次进行这项研究。"前两年，有蜜的时候蜜蜂在里面，没有蜜的时候就跑了。"什么原因呢？饲喂器的问题没有解决。他指着宠物蜂箱说，"竹筒下面盖了一个饲喂器。那个时候没有想到这一点。喂这箱蜜蜂，里面没有蜜了怎么办？我想了很多，也做了很多。"他想过用矿泉水瓶直接喂食，但不完美。"后来我想，你要倒得进去，蜜蜂吃得到，但是让它流不出来。"对于宠物养蜂，邱汝民做了大量试验，包括光线问题。

宠物蜂箱功能齐全，除了能够产蜜、花粉和蜂王浆外，还可以养多个蜂王（中间是通的，蜂王之间隔离）。下面还有抽屉可以清理垃圾和花粉。蜂箱可以拎着走，也可以挂在办公室里，这样能够让更多的人养蜂，促进养蜂业发展。他的宠物养蜂，可以供小孩观察蜜蜂的生活习性。

2.4　开发多功能塑料蜂箱

邱汝民还开发了一种多功能塑料蜂箱，在 2016 年蜂业科技大会上获得二等奖。这个蜂箱的优点是内部脱粉。在青海养蜂的时候，他看到了国内大型保健品企业送到蜂场的脱花粉机。其原理是在一条纤维板上打 4.8～5 毫米的孔，让蜜蜂从孔里爬进去，花粉掉下来。邱汝民想，"这个纤维板这么厚，蜜蜂的翅膀刮伤很厉害。"他想改善脱花粉机。"得到启发后我就自己开始做了。"他用细钢丝转成一个小圈，钢丝很细，蜜蜂钻过去很快，脱粉率提高很多。"用人工把钢丝圈一个一个做好，插在木头里，在蜂箱门口一拦，花粉就直接掉下来了。"

花粉营养价值很高，蜜蜂没有花粉营养和蜂蜜营养的混合，吐不出蜂王浆。蜂蜜吃了花粉和蜂蜜，分泌出蜂王浆，喂给后代或者蜂王。由于苍蝇、蚊子和蚂蚁的侵蚀，箱外脱粉造成产品严重污染，菌落总数会超过 1500 倍甚至 2000 倍。在外面采集的花粉，灭菌效果不好，检测还是不合格。

邱汝民开发了一个脱粉器，把原来竖立的脱粉板改成平的。经过试用，2016 年 11 月开始大量推广。后来经过改进，实用性显著提高。不过，邱汝民改进的塑料蜂箱单价 700 元，养蜂人觉得有点贵。他想再做改进，让家家户户都能用得起。"我们蜜蜂研究院要开发一个大家都能配套使用的生产花粉的部件，100 块钱左右，家家都买得起。我做的这个东西，跟他们自己的蜂箱匹配，他们也能在箱内脱花粉。我想以后就生产这么一个部件，还想用木头做。价格低了，大家都能用"。

箱内脱花粉的蜂箱引起了几家大公司的兴趣。长兴意蜂进而又跟浙江省农科院合作，采集蜂箱内脱粉的花粉，检测和改善菌落总数。邱汝民说："保证箱内卫生，鲜花粉不做任何处理，就可以直接吃，这是一大创新。"

3　经营创新编织宽广的产业价值网

3.1　技术培训开辟销售渠道

邱汝民经常应邀为各地养蜂技术培训班授课。当时有很多人打电话给他，想让他办培训班。从 2015 年 9 月开始，长兴意蜂举办了一系列养蜂技术培训班。出于对事业的执着追求和带动大家养蜂致富的愿望，邱汝民将自身过硬的技术和丰富的知识无保留地传授给学员，吸引了来自全国各地（包括台湾地区）以及加拿大、澳大利亚等国的学员。"我为什么要搞养蜂培训呢？养蜂师傅知道的事情是不跟你说的，他是很神秘的。我把所知道的事情全部告诉大家，让大家在这个基础上更有创新，多好！"办这么多培训班，把技术都传授出去了，自己以后怎么办？邱汝民表示，"没关系，只要大家把养蜂事业做成功了就行。我们培训的好多学员很成功，我很高兴。我自己会继续创新。""以后我要把这个培训班搞得更好，让更多的人了解养蜂技术和蜂产品。"

邱汝民把自己学到的全部技术和知识做成内部材料，发给来培训的学员。10 天的培训课，上午学习理论，下午动手实践并现场解答问题。尽管这里的养蜂培训班收费是全国最高的，但报名来学的人很多。"经过一两期之后，教学模式更成熟了。"后来他在教材里放了许多图片，让学员感受更直观，所学技术立马就能够用起来。邱汝民总是想把更新、更好的东西教给学员，他讲的许多内容网上是查不到的。在几年的时间里，培训班的知名度大大提高，不仅培养了一批有志养蜂事业的年轻人，吸引了高素质人才的参与，把养蜂事业提升到一个新的高度，而且出人意料地让邱氏父子把自己的技术和产品推介出去。

邱氏原来培育蜂王和蜂种，后来开始做蜂产品。随着产品的增多和竞争压力的增大，销售变得越来越困难。举办培训班，当初主要是为了推广技术和挣点培训费，现在却成为缓解销售压力的有效手段。这一点，邱凯深有感触："我去深圳、上海、北京等地跑了一大圈，想进大商场，花了很多钱，还是很难办成。后来就想，还不如全国招生，办培训班，要是出来的学员向我们买蜂蜜、蜂群、蜂王和蜂机具，可以成为我们的忠实代理商……我们这么多班办下来，全国都有合作伙伴了。"

第一期的一个学员，来自湖北十堰市竹溪县，原是一家五星级酒店的厨师长。参加培训回去后，带领其他人一起养蜂，做得很成功。他办起了养蜂专业合作社，建成示范性养蜂场，当上了县党代会代表。他还结合当地农村荒地多的情况，种上菊花，让蜜蜂采花粉，把菊花烘干制成菊花茶，或者卖给饮料公司。第二期一个来自浙江龙泉的学员，原来是开油漆店的，带着女婿和侄子来参加培训，三个人花了 15000 元的学费。学完之后在邱氏蜂场以 880 元的单价买了 300 箱蜂，并且预定第二年再买 200 箱蜂。他现在已经是龙泉最大的养蜂户，得到丽水市政府的重点扶持和补助。掌握了养蜂技术之后，还可以做蜜蜂的文化、餐饮、民宿和旅游。蜂可以做许多有特色的产品，雄蜂蛹是一道很好的菜，营养丰富的蜂王胎是很好的美食。邱汝民办的培训班，最后一次课探讨怎么做比较好，鼓励大家回去后开动脑筋，尝试新的做法。龙泉的这位学员除了养蜂，还做一些有关蜂的餐饮，并经营民宿。第四期学员 56 岁的台湾学员，在电信部门上班。临走时，用 2000 元买了一个邱汝民改良的蜂箱，花 800 元运到台湾。"他愿意花 2800 元，觉得这个东西有价值"，邱凯说。第四期还有一个来自广西的女学员，在南宁的洗脚店洗了 7 年脚。从电视和报纸上搜到蜂状元的信息后，花 3 个月时间攒够 5000 元学费，前来学习养蜂技术，以便有朝一日回农村老家，以养蜂作为谋生手段。她晚上住在长兴意蜂办公楼白天上课的地方，一天只吃 6 个包子，就这样坚持了10 天。

通过举办培训班，邱氏吸引和鼓励了更多人养蜂，同时促进了自己知识与技术的提炼和系统化，开发并完善了理论、实践和辅导相结合的培训体系、课程和课件，解决了产品（蜂王、工蜂、蜂机具；蜂蜜、蜂胶、蜂王浆）推广与销售问题，在一定程度上推动了国内养蜂事业的发展。

3.2　从实体店到O2O

长兴意蜂原先主要通过邮寄销售蜂王和蜂产品，每年在《中国蜂业》和《蜜蜂杂志》上做广告。从 2013 年开始，慢慢地把一部分产品转到网上销售，从实体店模式转向O2O模式。在旺季（4 月），邱氏的蜂王在冷门词条的搜索中基本上能排第一。虽然长兴意蜂的网络销售额不算高，但其商品的规范化和标准化，以及各环节和软件的服务得到了广大客户的高度认可。

长兴意蜂在网上卖蜂王的想法，受到培训班上一个学员的启发。江西赣州的一个退伍军人，喜欢农业，选择了养蜂。他在网上看到邱氏在销售蜂王，搜索到相关资料，在旺旺里聊天，觉得邱氏在养蜂上非常专业，慕名前来参加培训班。这件事情使邱凯认识到，"虽然养蜂的人普遍老龄化，但家里面的小孩都会上网，我可以把蜂王放到网上去卖"。邱凯说，"蜂蜜这个产品类别太大，淘宝上一搜有 13 万家，想争第一很难。所以，我就把蜂王这个冷门的东西放在网上卖，没想到还真有销量"。2015 年，邱氏网上销售额（主要是蜂王以及蜂群）达到 300 多万元，线下销售额（含蜂产品）将近 700 万元。

邱凯高中毕业后便开始卖蜂蜜。为了卖个好价钱，选择在长兴县城开店。

最好的一年销售额为 12 万元。"当时我的想法是，养的人没有卖的人赚钱。我就先去卖，实实在在地卖了两年半。主要卖自家的产品，不够时在外面收一点。""我发现，确实，卖的人更赚钱。我父亲养一年蜂，也没有达到 12 万元的销售额。"但是，邱凯感觉到，只在长兴县城卖，局限性太大。他想开网店，但没有相关的知识和技术。2012 年，他坚定地把长兴的店关了，去阿里巴巴，从零学习开网店。学到一些电商的基本知识和技能后，对自家产品进行定位，实施品牌化经营。

邱凯开淘宝店时，上面已经有 13 万个蜂蜜卖家。"我这么一个小小的规模，想突出一点是不可能的事。我把保健品放在百度的单网页做推广，最好的一天做了 1∶1.3（投资 1 元，销售额 1.3 元）。"后来对产品进行重新定位，"既然蜂蜜卖不过别人，何不来做蜂王、做蜜蜂呢？把保健品放在搜狗、360 和其他的单网页进行推销，把蜂王和蜂群放在淘宝上，把这个做精。放在 1688（网站），一搜种蜂王、种蜂或蜂王，就搜到我一家。"

邱凯认识到电商是发展趋势，自己应该不断地学习，"我们现在只是摸索到一些皮毛。"2016 年，长兴意蜂的线上销售额为 450 万元。"我们要把网络、旅游和养蜂整合在一起，弄成一件更好玩的事情。在技术方面，我会继续努力，支持父亲研究产品、开发蜂箱或者其他以后会有的新东西。商业方面，要把 O2O 做好，将线上推广、吸粉和引粉，与线下体验结合起来。以后美丽蜂场建好了，就可以在这里开直播……要把视频直播精髓的东西融入到我们这个领域，让它适合我们这个领域。"

邱氏父子采用 O2O 推广模式，把过硬的养蜂和蜂机具开发技术，良好的蜂种和蜂产品的品牌，与消费者的旅游休闲兴趣和蜂产品养生需求结合起来，有效地向顾客传递企业创造的价值。基于这样的价值创造与传递思路，长兴意蜂新建生态养蜂基地，研究和推广蜜蜂文化，致力于把国家意蜂良种基地建设成集休闲、观光、生产和研究于一体的花园式种蜂基地。

3.3 开辟旅游促销

长兴意蜂从 2014 年开始，学习引进了旅销模式。"我与一个做会销的朋友喝酒闲聊，他觉得把会议放在宾馆里，缺少体验度。我当时跟他说，你把开会的人带到我们这里来体验吧。"就这样开始，通过两年的摸索，2016 年，长兴意蜂正式开始做旅游销售，当年蜂场接待旅游参观者 6000 人。

邱氏父子建立了养蜂科普知识走廊，开发了一堂免费的蜂产品辨别知识课，引入附近景点参观活动，慢慢地，把旅游休闲与蜂场参观体验和蜂产品推销结合起来，让消费者更有兴趣，让老顾客更加相信这个品牌。2016 年，从杭州过来一车游客，总共 37 个人，买了 105000 元蜂产品。一般一车游客的销售额在 3000～10000 元，杭州过来的游客每车销售额 10000～20000 元。"2016 年我们已经谈好的旅行社，杭州一家，德清一家，湖州一家，上海一家，温州一家，南京一家。等我们乡下正在进行的扩建完成，体验度会更高，可以提供蜂蜜手工肥皂、蜂蜡烛制作等玩乐项目。明年的游客，保守估计，肯定会超过 15000 人。"邱凯说。

旅游销售的潜力很大。"我到江苏去听了一场报告，人家在做蜂产品的时候，一场会能够卖 100 万元，人均二三万元，把我惊到了。"于是，邱凯跟着旅游团队外出考察，到江苏、深圳、昆明看，学到了很多东西。"旅游方面我们是初学者，需要不断地摸索，拜师学艺，学习里面的方法和游戏规则"。

邱凯说："专业的事要专业的人去做。当前需要做好规划，了解旅游销售的整个过程和各个环节，建立自己的核心旅游销售团队。以后，再慢慢地采取委托或者合作等方式来壮大队伍。"邱氏父子想把旅游、电商和休闲观光结合起来，建设美丽蜂场，逐渐发展成一个蜂情小镇。邱凯认为，"以后养蜂人办的蜂场，不再像我们现在的蜂场。它应该集休闲、观光、娱乐、采蜜、体验等功能于一体，而不是搭个棚子，在家里面取点蜂王浆，收点蜂蜜就行。所以，我们在培训学员的时候，积极推广这种休闲农业与现代农业相结合，一二三产业相融合的规模化、休闲化和体验化的模式。"

3.4　成立蜂业研究院

2016 年，长兴意蜂与浙江大学农业技术推广中心、湖州市农业科学研究院和浙江大学动物科学学院联合申请组建浙江省蜂业研究院的想法没能付诸实施，因为没有市级研究院的基础。2017 年 1 月 6 日，浙江大学—湖州市合作第十次年会在浙大紫金港校区举行，湖州市和浙江大学签订《市校合作第三轮"1381 行动计划"》和《湖州南太湖农推中心建设协议》，长兴意蜂蜂业科技有限公司、湖州市农业科学研究院和浙江大学农业技术推广中心三方签订了《共建湖州市蜂业研究院合作协议》。2017 年 3 月，长兴意蜂蜂业科技有限公司、湖州市农业科学研究院和浙江大学农业技术推广中心联合成立湖州市蜂业研究院。

湖州市蜂业研究院是以高校和科研单位为依托，蜂业企业为平台的产学研相结合的新型农业科技创新与技术推广机构，致力于促进科技创新、技术推广、成果转化和产业服务。其工作重心是蜂种选育繁育、蜂媒授粉模式集成、蜂新产品与新器具开发、蜂疗养生休闲开发研究、新技术开发与推广、专利实施与成果转化和蜂业技术人才培养。它还承接农科院的一些一般性蜂产品检测任务，为蜂农和消费者提供保障服务。目前，研究院正在完善设备，落实样品抽检的经费和技术人员，在湖州市范围内展开抽检工作。

组建湖州市蜂业研究院，是邱氏在蜂产业价值链上的高端开发，它突破了传统的养蜂—产蜜经营模式，也超越了邱氏原来包括蜂种、蜂产品、蜂机具和培训服务在内的综合性研究开发—生产经营模式。邱汝民认为，这样把研究开发、生产经营和商业模式结合起来，会更有利于蜂业发展。他说，"我们是经过自己实践摸索的。不仅要养好蜂，还要有好的商业模式，搞好营销。我们把浙江的养蜂经验和浙江的商业模式结合在一起，这在全国是唯一的。我们以后想搞浙江蜂业研究院。"

3.5 创办蜂疗医院

蜂针疗法被国家中医药管理局纳入中医诊疗科目。国内只有少数几家蜂疗医院，浙江省只有杭州红十字医院有蜂疗科。邱汝民去过几个国家，看到蜂疗做得很好。他认为蜂疗的前景很好，它不仅能治病，而且特别适合人口老龄化的发展需求。"我觉得这是一个非常好的产业，也能够带动就业，大有前途"，邱凯充满期待地说。

邱汝民说自己不懂医，不能独立做蜂疗。他就跟长兴县人民医院的院长联系，探讨合作，建立蜂疗专科。"我要做这个事情，就要遵守国家的法律法规。一定要跟医院合作。我养蜂，提供蜂；医院有行医资格，负责医疗。"邱氏最初的方案是先建设一个中医院附属的蜂疗机构，或者自己申办一个蜂疗诊所，再向专业蜂疗医院发展，从事蜂疗及其培训事业。经过反复探讨和酝酿，最终决定，长兴意蜂与有关医院合作，直接创办蜂疗医院。

邱氏于2018年2月开始设想自己的蜂疗事业，5月开始医院筹建工作。在考察福建蜂疗医院等相关实体的基础上，联合长兴县中医院和长兴县人民医院等单位，积极展开蜂疗医院的申办工作。2018年12月12日，在获得湖州市卫健局和长兴县卫健局名称核准后，办理了工商营业执照，湖州蜂状元中医医院有限公司成立。目前，邱氏正在招募合适的医生和护士，为开业做最后的准备。

3.6 向往蜜蜂学院

邱汝民认为养蜂是一个健康产业，再过 100 年也不会淘汰。他希望养蜂技术培训提升到学校教育层面，有更多的技术学校加入养蜂事业。他认为熟练掌握养蜂技术的毕业生很紧俏，企业、畜牧和农业部门都需要这种人才。"以后职业技术学院是不是能够有个养蜂专业？这种人才需求量大，没有竞争，工资也比一般技校出来的学生高"。

2016 年，长兴意蜂建立了湖州农民学院蜂业教学基地。邱氏父子正在努力，争取与湖州市农科院和湖州农民学院一起申请，建立国内首个民办蜂业学校。邱氏父子的设想是这个学校先作为湖州农民学院的二级分院，从中专、函授和职业培训开始，向学员颁发相关的等级证书；逐步向上发展，最终建设成与浙江大学、福建农林大学等高校的相关研究生专业衔接，向其输送生源的蜜蜂学院。

现行职业证书中虽然有养蜂证，但没有分等级。在人事部门的新型职业农民培训项目中，没有提供养蜂的专门鉴定证书。邱氏想通过自己的努力，去完善这方面的工作，将自身丰富的知识、技术和技能更加规范和普遍地传授给他人，更好地培养和带动更多的年轻人养蜂，让养蜂人老龄化的问题得到缓解。

4 在坚守与创新中良性发展

4.1 坚守固根本

邱汝民 37 年潜心养蜂，持续地进行技术创新。邱凯子承父业，改善经营思路，拓展产业空间。坚守养蜂这个基本事业，成为邱氏父子创新、创业与发展的基调，体现了养蜂人的初心、匠心和信心。静下心来，不为名利，做自己喜欢的事，哪怕是默默无闻。十年磨一剑，终能成就一番事业。邱凯说，"这一点，在我父亲身上特别明显。他真的不看重赚多少钱，更多的是追求蜜蜂中的奥秘，是出于对蜜蜂的热爱，就像蜜蜂自己去追花夺蜜一样。"

企业的生存发展离不开主营业务的支撑，邱氏不想自己的主营业务被竞争者超过。在坚守的基础上，不断地选育更好的蜂种，提高产量和品质，这是邱氏作为养蜂人的毕生追求。邱凯说："我们想一如既往地坚持为全省每年改良50万群蜂供应蜂种，保持第一的销量。这个是本职工作，不能忘记。"

蜜蜂产业占地少，产品是天然的营养和保健食药原料，蜂死后落在地上成为无害肥料，前景光明。浙江的养蜂技术走在全国最前面，养蜂数量也最多。浙江省畜牧业"十三五"规划（浙农计发〔2016〕18号）提出"扩大蜜蜂"的发展思路，省政府出台了蜜蜂振兴计划。展望未来，邱氏正在着力把集蜂王和蜂群培育、销售与服务，蜂蜜、蜂王浆和蜂胶生产与销售，蜂机具开发、销售与服务，授粉服务，蜂种检疫和蜂产品检测等于一体的养蜂产业，与休闲和旅游观光，养生和蜂疗，以及专业教育和职业技能培训等结合起来，倾力建设现代化的美丽蜂场，将长兴意蜂建成国内首个蜂情小镇，把这个甜蜜事业做得更美好。

4.2　创新树优势

企业只有通过创新，才能获得和保持做强、做大的核心竞争力，实现转型升级，活得更好更久。邱汝民说，"人的一生很短暂，自己特别想做一些有意义的事，所以做了这些创新方面的东西。""有的时候灵感就是那么一点点，没有投入很大的精力是做不出来的。我是很努力的，最后对得起自己了。"从培育蜂王开始，他一直在从事创新活动，成果涉及蜂种和蜂王培育、养蜂模式、蜂机具和蜂产品等各个方面。通过自主创新和合作研究，邱氏获得了62项专利，其中发明专利13项，实用新型专利42项。

邱氏父子通过技术创新树立养蜂主业的优势，通过经营创新拓展产业空间，不断地通过创新扩大价值网，推进产业发展和升级。创新成果不仅为公司赢得了技术优势，而且编织了一张蜂产业的价值网，为企业和产业的发展奠定了深厚的底蕴。邱凯说："我们的愿景是做一个示范，做一些别人没有做过的事，坚持做一个创新型的公司。"他认为，"只要你的东西足够创新，足够特别，足够服务客户，使客户满意，肯定会有市场"。

通过创新，邱氏对养蜂的认识提高到崭新的境界，正在进行蜜蜂授粉商业化、宠物养蜂、蜜蜂文化、使用养蜂车、创劳模品牌等方面的探索。创新将使传统的养蜂模式彻底改观。邱凯自信地说："以后，推广蜜蜂授粉也是一大产业。在国外，像美国、德国，蜜蜂授粉到农庄里，是要付钱的。国内也在转型，会越来越需要蜜蜂授粉。""以后的养蜂人要有高素质，要掌握先进的方法和技术，是真正的新型职业农民。喜欢蜜蜂的家庭可以开着养蜂车追花夺蜜，全国旅游。把养蜂做成一个很甜蜜的幸福事业，既挣钱又能玩，成就感会更高。"从 2017 年开始，每年 5 月 20 日邱氏在长兴林城举办世界蜜蜂日分会场，融入蜜蜂科普、真假蜂蜜鉴别等活动。邱汝民认为，"作为省里的重点产业，把蜜蜂的技术和文化交流方面的事做起来，肯定会有新的发展"。

4.3　稳健葆发展

邱汝民在养蜂方面很专业，一直坚持稳健发展的思路。2002 年，作为县里开发区招商引资的首选对象，常务副县长和县农办主任一起到邱汝民那里，要把他引入县开发区去发展。出于稳步发展的考虑，他谢绝了县开发区享有用地等优惠政策的招商，进驻林城镇开发区。长兴意蜂蜂业科技开发有限公司成为第一家搬到林城开发区的企业。

在林城这个地方，邱汝民说，自己"每年上一个新台阶，但步子确实有点慢"。他说，"我每年给自己一个交代，每年有一个新产品，每年上一个台阶。但我一定要稳，一步一步走。"就这样，邱汝民时刻警醒自己不冲动行事。他根据自己的情况，量力而行，企业能够做多大就做多大。长兴意蜂拥有众多奖项和荣誉，基础已经很扎实。邱汝民说，"这么多荣誉就是我们的基础。基础好了，我们就有把握进一步发展"。

邱汝民自己是从苦中过来的，认为做得踏实，才能睡得安心，绝不允许企业的负债超过运营能力。未来怎么把蜂状元品牌做好是关键的事。他认识到自己的企业是以创新创意为主的，以前依赖各种单位购买，没有做销售，而现在，营销显得很重要。"我们现在基础扎实了，什么都不缺，就要充分发挥营销的作用"。即便如此，公司也没有急于扩张销售渠道。至于旅游促销，是考虑到各种安全隐患，经过三年摸索后才正式展开的。

4.4　良心担责任

邱汝民从养蜂开始，就一直想通过技术提高产量。"我就是要千方百计，从这一箱蜂中，想办法舀出更多的蜂蜜。采取技术上的方法是对的。"他十分反感不顾道德和良心的作假行为。现在日本人和韩国人都向国内商家购买蜂王浆里的一种抗癌症和肿瘤的成分——长寿因子，价格是 1800 元/斤。提取长寿因子后的蜂王浆只值 20 元/斤，有些商家会在提取后的蜂王浆中添加一点未提取长寿因子的蜂王浆，再卖给消费者。"他们钻研的是这个，我不动这个脑子。我要动的脑子是怎么把产量提高，蜂的品种怎么提高，多产蜜，多产蜂王浆。"为提高人们的认识水平和鉴别能力，邱汝民专门在央视和浙江经视的节目里讲辨别真假蜂蜜的方法。

生产巢蜜，需要人为做一个蜂蜡基础，蜜蜂靠这个基础把蜂巢加高。现在市场上很大一部分巢础是用工业蜡做的，人不能吃，消费者不知道。邱汝民下了很大的功夫，克服用纯蜂蜡做巢础的技术难题。"我想了种种办法，用巢础机勉强能把巢础做出来，但蜂房的深度不够，放在里面蜜蜂不喜欢造（蜂巢），需要很长的时间才能造完。""现在做出来的巢础蜜蜂很喜欢。我们用纯蜂蜡做巢础生产蜂巢蜜，这个技术现在完全成熟了。这个过程非常难。"中央电视台《科技苑》栏目专门采访了邱汝民生产巢蜜的过程。为了使巢蜜真正达到天然，邱汝民还研究出了用天然竹子做的巢蜜盒子。用这样的巢础和盒子生产的巢蜜，质量好，产量高。"我们的巢蜜直接可以用勺子挖出来吃，卖298元一盒，将近500克，都是预定的。""我很喜欢想这些产品，养蜂的人也很喜欢我这些东西。"

邱汝民当初办公司，企业刚刚转入生产的时候，碰到了不少困难。招来的大学生不稳定，刚培养出来，就想要换个工作或其他原因走了。申报QS生产许可证的时候，所有资料都要齐全。蜂蜜出产日期（批次）的留样、检测记录等，都要很清楚。这些工作落实到位，要克服许多困难，成本就上去了。而那些造假的产品，成本很低，照样在卖。这其中有国家政策不完善的原因。所以，邱汝民参加了《蜂王浆生产技术规范》国家标准、《蜂花粉生产技术规范》国家标准和《浙江浆蜂饲养技术规范》省级标准的制定。"不把这些标准建好，你想把质量抓好是很困难的。很多事情，不是说我们看着这道工序好了就没问题了，每一道工序都要符合标准才行。不然，想让大家把产品质量都做好，很困难。"

有领导对邱汝民说："你胆子放大一点，步子放宽一点，最好一年就创五千万或者一个亿。"邱汝民不去太多考虑能赚多少钱，而是想怎么把事情做得完美。他认为，如果产品质量不抓好，盲目地发展，各种超市都配送下去，资金大大支出的时候，信誉很快就没了。"我非常重视企业的信誉，个人的信誉。"2016年，长兴县评选红黑榜，28家企业中，长兴意蜂蜂业科技有限公司获评红榜首位。

在长兴意蜂，企业的员工都吃自己企业生产的蜂蜜，办公室桌子上都有蜂蜜。邱汝民说："我们的蜂蜜先检测再加工，不合格的全部不加工。""我跟他们说了，这个蜂蜜我们自己吃了，卖给他人吃才能放心。你自己都不敢吃的东西，专门卖给别人吃？"这么多年来，他牢牢坚持这一条。2016 年，长兴意蜂获得湖州市政府质量奖。邱凯自豪地说："我们许多顾客相信'蜂状元'这三个字，甚至会相信邱汝民这个名字，每年花一两万元来购买我们的产品。别人家的便宜很多呢，凭什么到我们这里买呀？因为质量和诚信。作为一个企业，诚信是最重要的，品质是建立在诚信基础上的。"

公务促成的私营事业
——庄殳松打造宇力袜业①

许胜江

庄殳松初中毕业后，因家境困难，未能继续读高中。辍学后，他为谋生学做裁缝，后进乡办企业当工人。从工人被提拔为乡政府干部后，他自学中专财会专业，被保送到浙江大学脱产学习企业管理一年。考取事业编制后，庄殳松一直担任乡、镇和街道工业办公室的干部。从 1996 年开始，因为乡里领导的安排，庄殳松一边尽职尽责地当政府干部，一边带头办自家的袜子企业。在职业生涯的大部分时间中，庄殳松生活在两个频道上：在公职频道上，担任乡、镇和街道工业办公室的干部；在私事频道上，利用业余时间经营自己的生意。

在担任公职（1983 年 12 月 6 日至 2010 年 12 月 31 日）的一半时间（1996~2010 年）中，庄殳松每天要在公职人员和私营业主两个角色之间切换 5 次：早上起来料理私营企业，早餐后去政府工业办公室上班；午餐后到私营工厂工作，下午回到工业办公室上班；下班后再到自己的企业工作。他说："两个频道不能有一点错位，我从来没有出过差错。这样的生活很辛苦。"2010 年，根据《中共海宁市委　海宁市人民政府关于加快引进培养创新型人才推动创新发展的政策意见》（海委发〔2009〕45 号）的文件精神，庄殳松主动申请留职停薪，到自己的企业工作，结束了两个频道的生活。

---

① 本文根据作者对庄殳松的深度访谈和对他所创办的海宁宇力袜业有限公司的现场调查所获得的系统资料撰写而成。第 1 部分回顾了庄殳松的成长历程，第 2~3 部分记录了他创业学习的经历，第 4 部分展示了其创业管理的一些经验与启示。全部材料和思想观点由庄殳松和公司其他受访人员亲述，或从公司调查中获得。原始话语记录及录音整理工作由 2017 级工商管理专业本科生许景超完成。作者在忠于庄殳松创业史实和庄殳松及公司其他受访人员话语原意的前提下进行写作，文稿经庄殳松本人审核后授权出版。

在公职频道上，庄殳松兢兢业业，一丝不苟，赢得上级部门、领导和同事的一片赞赏，获得无数奖状和荣誉证书，被评为海宁市优秀共产党员，当选海宁市第 14 届党代会代表，荣获海宁市劳动模范称号。在私事频道上，庄殳松打造了一个商誉过硬、党建优秀、群团先进的卓越企业。从 1979 年初中毕业到 2019 年，庄殳松在海宁这座小城里思考、行动和学习，创业生涯经历了三重境界：为生计创业；为朋友分忧和为政府担当创业；为事业创业。他倾力打造的海宁宇力袜业有限公司（以下简称"宇力袜业"或"宇力"），是一个公务促成的私营事业。

1 成长三阶段

1.1 辍学做裁缝

庄殳松兄妹四个，家里很穷。父亲有喝茶的习惯。到茶馆喝茶只要五分钱，家里拿不出来。有一次，庄殳松在和妈妈种庄稼时捡到五分钱，马上交给妈妈。"然后，我妈妈把五分钱给了我爸爸。他拿了钱跑着去茶馆喝茶，高兴得好像捡到的不是五分钱，而是一大笔钱一样"。

读小学的时候，庄殳松就开始在家里养小白兔，用卖兔毛挣得的钱交学费和书费。因为家庭始终没有钱，两个哥哥早就不读书了。"我小学和初中读书，都是靠养小白兔赚出来的钱。" 1979 年，庄殳松考上了高中，但因为没有钱，只能辍学。"为了读书，我不知流了多少眼泪。"

庄殳松辍学的时候只有 17 岁。17 岁能做什么呢？"我无论如何要自己谋生。"庄殳松决定去学裁缝。他求了很多次，直到师傅答应，收他做挑缝纫机的出门工。他每天把缝纫机擦得很干净，帮着做一些辅助的活，做了整整一年的时间。"可是师傅很凶，又不太愿意教。我吃了很多苦，当着他人的面受气，感觉自己人格都没有了。回到家里抱着妈妈哭，心理上哭，身体上也哭。如果有机会，我再不愿意跟着他了。"但是，庄殳松还是学到了一些手艺，缝缝补补的针线活很拿手。

1.2 在砖瓦厂成长

1980 年 11 月 21 日，18 岁的庄殳松得到一个信息：狮岭乡一个砖瓦厂在招人，一个生产队招一个人。当被告知 19 岁以上才能报名时，他设法说服了生产队长他便跑去报名。报名后要抽签，三十几户人家抽一个号。庄殳松幸运地成为中签者，当上了乡办企业狮岭砖瓦二厂的工人。

工作第一天，庄殳松去乡工业办公室考试。"主任把考试卷发下来，说，你们慢慢来，我先把考试卷读一遍。结果，他读好，我就做好了。人家说，怎么这么快？我初中刚读完一年，很简单嘛。这样一来，他感觉这个小伙子很不错，对我印象很好。"

在乡办厂，庄殳松不怕苦不怕累，什么都干，天天在厂里做，爱厂如家。有一次，他和其他三个男工人被派去抬五孔板。抬了一个上午后，厂长看着花名册说，这个人只有 18 岁，怎么有这么多力气抬孔板？厂长便从二楼跑下去，对庄殳松说，"你怎么可以抬孔板呢，不要抬了。"把庄殳松撤了下来。"其实我那个时候力气是有的，他是为了保护我。"当时没有推土机，整个砖瓦二厂的泥土都是人工挑平的，庄殳松挑坏了两个畚箕。

砖瓦二厂投产后，庄殳松去装窑。本来一个人只装一个口子，庄殳松是装中口的（外中口和里中口）。但他经常给人代班，结果四个口子都会装了。砖瓦二厂的装窑师傅中，他是唯一一个全能的，当时只有 19 岁。他装窑不仅速度快，而且质量也好，从来不会崩塌。庄殳松经常帮助别人盖泥坯，不拿钱，有时还冒着大雨，大家很感激他。

庄殳松的出色表现让领导很看重。很快，他加入了共青团，当上了小组长、民兵排长和团支部副书记。当了两个月的小组长，庄殳松又被提拔为车间副主任，开始管理一百多人的车间。1983 年 9 月 17 日，庄殳松光荣地加入中国共产党，成为一名预备党员。

1.3 成为在编干部

狮岭乡党委和政府发现了这个好苗子，决定把庄殳松调到乡政府工作。1983 年 12 月 1 日，乡里向砖瓦二厂要人，砖瓦二厂的书记、厂长和副厂长都不同意，说："这个人是我们自己培养的，得自己用。"第二天乡里的领导说："无论同意不同意，小庄都要调到乡政府去工作。下级服从上级，你们 12 月 6 日把人送过来。"

到狮岭乡政府工作后，庄殳松重新规划了自己的人生。认识到自己书读得少，这样低的学历，只凭思想好远远不够。怎么办？只有自学。自学什么呢？他选择读初中专财会专业，去上夜校。三年后初中专毕业，庄殳松马上自学高中专。他从前爱厂如家，现在爱乡如家。天天住在乡里，就着一个小台灯，埋头看书。晚上蚊子很多，没办法了，他就拿个塑料桶装满水，连着裤子把脚放进去。两三个小时之后，书读好了，整个脚被泡肿一大圈。"这是我记忆中最深刻的一部分"。

庄殳松在工作上忠实肯干，什么工作都做，做得都很到位。由于善于学习，很快，他成为领导心目中的培养对象。1985年，海宁县要从24个乡镇中选派17人到浙江大学脱产学习一年，庄殳松很幸运地被选中了。在浙江大学的一年，他系统地学习了企业管理方面的知识。这一年下来，他感觉自己提高了很多。此后，他自己又在浙江大学自学考试经济管理专业读了两年。"读书这一块，我自己抓得比较紧的"。

后来，根据上级要求，狮岭乡政府部门干部要分流，本部门17个干部中选择4个留下来继续工作。由于庄殳松一贯表现好，不仅做好自己的事情，而且总是帮助别人，所以，乡党委和乡政府领导投票时，他的票数最多。最后，通过考试，庄殳松成为一个事业编制的干部。"人家大学毕业生也没考出来，我竟然考出来了"。

1.4 思想作风过硬

成为政府干部后，庄殳松一直在乡、镇和街道的工业办公室工作。他在政府职能部门工作这么多年，没有打过一次牌，没有赌过一分钱，没有去过舞池，没有唱过卡拉OK。他风趣地说："做坏事是要有时间的。我有两个身份，一个是公职人员，另一个是企业老板①，做着两份工作，真的没有时间啊。"他从海昌街道调到海州街道工作时，在欢送会上说了四句话："思想上，我与党中央保持高度一致；工作上，我一二三等奖都评上了，贴在办公室里，有目共睹的；经济上，我发誓，到目前为止一分钱没贪污；生活上，我对得起老婆。"

在乡里管工业的时候，庄殳松帮企业做事情从不收礼。一次，他对一个私企老板说："你这个企业可以办成中外合资企业。"对方说："中外合资企业怎么弄？"庄殳松说："我是分管外经外贸的，我来帮你办。""你这个企业整体要引进外资，一年300多万元税收不要交了，至少是三免两减半（三年全免，两年减半）。"对方不相信，说："不可能的。"庄殳松说："这个我管的，

---

① 庄殳松是海宁宇力袜业有限公司的实际经营者（总经理），该企业的法人代表是他的妻子。

你放心好了。"庄殳松把这件事办成，老板省下很多钱，很高兴，拿了两条中华牌香烟去庄殳松办公室。庄殳松说："我跟你是朋友吗？"对方说："当然是朋友啊。"庄殳松说："是朋友，这两条烟你就拿回去，这是我的工作。我不要你这个烟，你给我就算我受贿了。"对方说："不行，不行，这个一定得给你，两条烟有什么关系啊。"庄殳松说："不行，这个烟我是不要的。两条烟放这里，我明天就拿到纪委去，我说一不二的。"就这样，庄殳松硬是让人把烟拿回去了。

砖瓦二厂的一个女职工，长发卷到机器里，头皮被扯下来了。庄殳松一边安排车子以最快速度把人送往浙江大学医学院附属第二医院，一边打电话联系该医院整形科的主任。头皮接好后，这位女职工的丈夫拿了两条中华牌香烟去办公室感谢庄殳松，庄殳松以同样的方式让人把烟拿了回去。

庄殳松说："思想真的很重要。思想正了，做什么都正；思想不正，做什么都不正了。"2017年，海宁宇力袜业有限公司党支部与狮岭中学结对，校长请庄殳松在毕业典礼上给母校的毕业生讲几句话。他就说了德、智、体三个字："德，有德有才必须重用。像我招工，有德无才可以培养，有才无德坚决不用。希望同学们走上社会之后，必须要有德，有德能走得很远，无德就走不远……"

2 创业四步走

2.1 为生存创业挣钱

庄殳松说："我这个人就是为创业而生的。"这是怎么说的呢？庄殳松从小家里很穷，他想到养兔子挣钱去读书，从那时就开始学习经营之道。到乡里工作之后，他想到，自己要结婚没钱，要造房子没钱，得想办法挣钱。从1983年到1996年这段时间里，庄殳松尝试了很多生意，挣到一点小钱。

庄殳松听别人说，办电子器件厂很赚钱，他就去做电子器件。结果，由于不是专业的，做不好。他利用业余时间卖服装，也做不好。他种小黄瓜，让妻子早晨去采摘，卖给乡里菜市场里做咸菜的人，赚了一点小钱。他在自家的农包地里挖塘，养了几年的鱼。后来又听别人说养珍珠赚钱，他就养珍珠，获得一点不高的利润。他还发动村里的妇女，给海宁市一家大羊毛衫厂修羊毛衫：每天拉一卡车羊毛衫到自己家里，再分发给各家修剪，大家都挣一点钱。

　　用这些辛苦挣来的钱，庄殳松建造房子，结了婚，搭建了羊圈猪舍。日子过得比较好了，家里还买了彩电。在当时，农民能够买得起彩电，是很了不起的事。妹妹结婚的时候，庄殳松对她说："哥哥送你一个彩电。"周围的人很吃惊，说："这个彩电你能够买得到？"在当时，彩电是有钱都不一定买得到的高档家电。庄殳松的生活，就是这样奋斗出来的。

2.2　为朋友管人办厂

　　庄殳松为人很讲感情。1996年，一个朋友提出与他一起办个厂，目的是把自己的儿子管好。庄殳松感觉自己在这家的儿女面前很有威信，这个小孩一直很听自己的话，自己对他也有信心，就答应了。海宁金银制线厂就是这样办起来的。

　　三个月后，这个孩子提出来，不做了。起初他在厂里当保全工，感觉与外面隔绝了。后来，让他去送货，又不愿辛苦骑车，而是雇用三轮车，利润就没有了。最后，他觉得自己被人管着，没有自由。庄殳松做了很多工作，无济于事，他还是不做了。这样，庄殳松只好一个人经营制线厂。

　　对于庄殳松来说，一个人做，也要做好。既然办了厂，就要有责任感，要对合作的服装厂负责。"我的线从来没有短斤缺两的。我要么不做，跟你合作了就一定把事情做好。"制线的时候，要用硅油润滑。庄殳松用的是日本原装进口的硅油，质量很好，很薄，线上吃得多。但这种硅油很贵，成本很高。其他人用很便宜的国产硅油，用上去，不是太干，就是硅油沾不上线。"海宁的一些服装厂用我的线，感觉非常好。我们海宁金银制线厂的线，质量最好。"质量好才有销路，庄殳松做得很好。"我办制线厂，确实办得很成功，非常有名的，人家都知道这个线老板。"

　　庄殳松一个人是怎么做的呢？早上5点钟起床去制线，8点钟吃完早饭去乡里，8点半上班，11点钟下班后到厂里去制线，做到下午2点钟再去乡里上班，下午5点钟下班后再到厂里做。有时候做到深夜两点钟、三点钟、四点钟，甚至通宵，连续几个通宵都有。机头线有七八根，别的线老板用剪刀剪，很麻烦，速度慢。庄殳松用牙齿咬，速度快，产量高。这是锻炼出来的。"一根线赚一块钱，我就拼命做，制很多线，钱确实也赚到不少。"

2.3 为政府带头办厂

1996 年，台湾键兴公司的王老板来找庄殳松帮忙卖袜机。卖袜机只有到狮岭乡，因为海宁只有狮岭乡的人买袜机。海宁的袜厂很多。明清时代就有海宁富顺昌袜厂，它培养了三家袜厂：海宁狮岭袜厂（改制为海宁耐尔袜业有限公司）、双山利民袜厂（改制为双山利民袜厂）和伊桥红卫袜厂（改制为海宁亚润袜业有限公司）。这四个袜厂培养的保全工回到家乡，又办了很多袜厂。1996 年，这些小厂用的都是上海第七纺织机械厂生产的 503A 袜机，价格很便宜，2000 元一台。

王老板请求庄殳松帮助推销袜机。他提出开订货会，由庄殳松负责把狮岭乡和双山乡的袜厂召集起来开会，他把袜机展示出来。庄殳松认为，发展地方经济必须有好的设备，这是一个好事情，就向乡党委书记和乡长做了汇报。他们也感觉是个好事情，让庄殳松拿出方案来。庄殳松与王老板沟通，王老板说："这个设备 20 万元一台，现付 60%，两年之后再付 40%；先付 12 万元一台，我把 20 万元的发票开给你，你抵押给银行①，出点利息就行了；两年之后你把成本收回来，再把 40% 付掉。"庄殳松觉得这个有道理。王老板答应，如果机器坏掉了，上海键兴公司会负责维修，并且会教会所有保全工维修这个机器。订单从哪里来呢？王老板说："海宁耐尔袜业公司订单多得不得了，全是日本公司的，你们尽管做好了，没问题的。"庄殳松说："这样，我就跟信用社谈。信用社同意，我们就这样做。"

庄殳松定了个时间，邀请了海宁市计经委和乡镇企业局的领导，狮岭乡党委书记和乡长，还有很多袜厂老板。大家觉得这种袜机质量很好，503A 的袜机比不上，但是价格很高，风险太大，都不敢买。庄殳松给他们算了一笔账，说基本没有风险，利润也很高。但是大家仍然不敢买。有人说："小庄，你买我们就跟着买，你不买，我们都不买。"这下麻烦了！庄殳松说，自己是工业办公室的干部，是不能办厂的，原来办厂是帮朋友教育儿子，现在没精力了……"但人家一定要我办厂，说你不办我们也不办，你小庄与台湾键兴公司认识，与耐尔公司认识，领导都认识，你条件都很好，你不做，你不买这个设备，我们也不敢买。"事情就这样僵住了，乡党委书记让大家休息一下，自己和乡长到外面去商量怎么弄。

---

① 当时信用社抵押 60%，正好这个 60% 全部抵押在银行。

乡党委书记和乡长沟通好之后说："小庄啊，这个事情你要带头了，如果你不带头，我们这个展会就不成功了。"庄殳松说："我没有钱。"书记说："没钱没关系，我帮你想办法，你有多少钱？"庄殳松说："我只有 8000 块钱。"书记说："你一定要带头，不带头不行。"庄殳松说："我还要工作。"书记又说："工作没关系，你就做好了。"庄殳松想，书记说了，自己不做不行。"这么一来，我又要办厂了。这就麻烦了，我没精力。"耐尔袜业的董总对他说："你就是租个房子，雇两个人，保全工我们会教会的，订单我们会拿过来的，你把头带好就行了。"庄殳松想也对，反正帮人家做加工，很简单的。"在这样一种情况下，我说，那行吧。书记、乡长都发话了，我不做也不行。我也有责任感，要为政府挑担子，做事情。"庄殳松跟书记和乡长说："要不我跟台湾的王老板说，买两台展会上用过的旧设备。一个是便宜点，另一个是我带头，大家都跟上来买袜机之后，我就退出，不做了。"书记和乡长说，可以，你头带好之后退出来也行。

2.4 改初衷打造袜业

做了三个月之后，庄殳松算了一笔账：一台袜机挣的钱相当于一个公务员的收入，家里有两台袜机相当于有两个公务员，加上他自己（事业编制干部收入与公务员差不多），就有三个公务员的收入。"我感觉这个收入还可以。一个家庭有一个公务员就挺好的，有两个三个公务员一定富裕了啊。"他向狮岭乡党委书记汇报办厂的情况：早晨 5 点钟起床到厂里干活，8 点钟到乡政府上班，中午 11 点钟在食堂吃完饭又到厂里，到下午 2 点又去上班，下班之后又到厂里，弄到 8 点、9 点、10 点、11 点、12 点不等，反正把这个厂管好就是了。然后庄殳松提出来，"要不我不退出了"。书记说："本来就不让你退出的，接下来，凭你的管理水平，你的知识，应该能为我们狮岭乡树立一个企业标杆，所以你不能退出的。你退出我本来就有想法的，但当时又没办法，所以就答应你了。"

庄殳松当时办厂是有高度的。他所学的知识都是管理企业方向的。在乡政府管工业企业，除了财务、统计不管之外，别的地方都愿意自己去做。所以，他自己的企业做得得心应手。"这个厂，我是管得很好的。"当时雇了 7 个人（3个保全工、3 个挡车工和 1 个缝头工），后来又增加了两台机器。"四台机器相当于四个公务员，加我一个就是五个了"。因为资金有限，庄殳松只能一台一台增加机器。"直到六台机器，加我一个，我家里有七个公务员了，不得了啊"。

庄㲋松很高兴，但也很辛苦。"我工作每天两个频道更换，一个私人频道，一个公家频道，不能弄错的，弄错我对不起领导的。"这个人好胜好强，又爱面子，做事就必须做好。他先后主管乡、镇和街道的工业期间，自己的企业在不断扩张。"我办企业不能给领导丢面子，要长脸，否则不行的。"从拥有6台设备开始，他感觉到这个企业应该好好地发展。此后，庄㲋松稳健而快速地把企业做了起来。后来又增加了6台袜机，变成12台。几个月之后，从12台增加到24台，24台再加12台变成36台，36台再加12台变成48台。

庄㲋松在公职和私事两个方面都做得很出色。在公职岗位上，庄㲋松用心做事，富有责任感，"今天想到的事情就必须今天做好，不能留到明天的。"一个人管工业企业中的环保、外经外贸、人力资源、劳动监察和养老保险五大块，每年拿到荣誉证书，得了很多奖。办自己的企业，庄㲋松也拿到了很多荣誉证书。苦心经营，诚信经营，加上自己学的专业是企业管理，20多年下来，他对企业非常熟悉，孰轻孰重看得很清楚。最难得的是，他能做到公私分明，互不干扰，"到了单位上班就换上单位这个频道，私人的就放掉；到了私人企业就是私人频道，公家的就放掉。"既把公事做好，又把企业搞好，还获得了领导赏识。

事业编制公职人员，工作满30年就可以退休。2010年，庄㲋松刚调到海洲街道工作，看到了《中共海宁市委　海宁市人民政府关于加快引进培养创新型人才推动创新发展的政策意见》（海委发〔2009〕45号）：事业单位的人员可以留职停薪到企业创业，五年内保留组织关系、养老保险和一些评选资格，五年之后，可以选择继续在企业工作，或者回到机关工作。看到文件后，第二天他就跑到海宁市委组织部，提出自己的想法：自己离退休还有3年半时间，如果留职停薪去创业，是否可以3年半后就办理退休手续。得到领导的支持后，第二天他就打报告给街道办事处，提出留职停薪申请。2011年1月，庄㲋松回到了自己的企业，倾心经营他的袜子事业。

3 宇力袜业四阶段

3.1 从代加工起步

海宁宇力袜业有限公司在1996年创办之初，除了两台袜机，一片空白，没有业务，没有技术。庄叟松依靠自己的人际关系，找到有业务的袜子生产企业，为它们代加工袜子。基础性的代加工做了4年，袜机从2台增加到4台、6台和12台。

在袜机增加、代工量增长的过程中，庄叟松特别注重自身的学习和员工的培养。通过代加工，庄叟松和他的员工逐步学到了一些生产和管理技能。当时，庄叟松的袜厂代加工的主要是外贸订单。借着大厂的要求，庄叟松慢慢学到了生产、质量、工艺、原材料和管理等方面的知识和技术。在这个家庭作坊式的袜厂，保全工承担袜机维护、企业对接、原料领用、生产管理、质量控制、货物交接等各种工作，成为企业的关键人员。

当袜机增加到12台的时候，袜厂的生产能力已经初具规模，而周围的袜子企业也大量地冒出来。2001年开始，从大企业承接来的代加工订单已经不能满足庄叟松袜厂的生产能力。两个原因促使他发展自己的客户：一是来自大企业的代工订单不足，代工企业间竞争激烈，生产变得不稳定；二是代工发单企业趁机压低价格，不及时支付加工费。庄叟松开始尝试自己接订单。

2001年，经朋友介绍，庄叟松承接了宁波一家内贸企业的袜子订单。在此之前，庄叟松的袜厂一直做代加工，对制定工艺、打样和采购原料等都不懂。客户第一次订做袜子，也不知道具体要求，只知道要男袜和女袜。"我们怎么办？原先主要加工出口日本市场的袜子，日本人的脚型跟我们的脚型差不多。套用国外的工艺试着给它打样。原料怎么选，颜色怎么选，一系列的问题……"徐欣伟副总经理说。这是庄叟松的袜厂自己承接订单、打样、采购、编织和包装，走完整个业务流程的第一个订单，虽然只有4万多双袜子的业务量，但它给庄叟松和他的员工们提供了一个很好的摸索学习的机会。

3.2 开拓外贸业务

当时的大环境是做外贸订单更有利。2001~2002年，庄叟松的袜厂一边做代加工，一边尝试自己接外贸订单。企业没有知名度，没有外贸业务员，网络平台也没有建设起来，外贸订单怎么做？2002年，庄叟松请朋友做了个网站。不久，一个加拿大的客户通过网站联系上了袜厂。庄叟松请人把客户的邮件翻译成中文。这个小客户不是专门经营袜子的，一年的订购量不超过10万双，庄叟松为它做了两年。"不管怎样，我们学会了做外贸订单，学会了外语沟通、出口报关和美元交易等"，徐欣伟深有感触地说。当时企业没有进出口能力，出口业务由一家进出口公司代理。

一年 10 万双，量不够多。虽然网站上也有客户搜寻，但这样的发展速度太慢。徐欣伟说："我们觉得还是要主动走出去抓客户。"当时国家的政策也很鼓励企业"走出去"，重点展会有补贴。从 2002 年开始，庄夊松的袜厂参加了广州（广交会）、上海（华交会）、中国香港、日本大阪、阿联酋迪拜、俄罗斯莫斯科和德国等地的各种展会。随着经验的积累，逐步发展了日本和欧美的外贸客户，生产能力也随之扩大，袜机从 12 台增加到 18 台、24 台，企业从代加工转向独立生产外贸产品。

在发展外贸业务的过程中，企业得到稳步健康的发展。这一方面得益于庄夊松诚信为本的经营理念和稳健发展的战略，另一方面得益于外贸客户的督促和指导。庄夊松坚持诚信经营，前期洽谈实事求是，不盲目追求订单。订单的交期、价格、质量等，一一兑现，从不打折扣。第一个日本客户 ESTY 贸易公司，订单从 2005 年开始一直做到现在，它的社长在厂房布置、生产流程和质量管控，以及客户沟通等方面的指导，使庄夊松的企业快速发展起来。企业年产值从 2005 年的 500 万元增加到 2011 年的 2000 万元。

3.3 专注于婴童袜

2013 年，公司产值突破 5000 万元，进入了第三个发展阶段：专注于婴童袜的生产。庄夊松认识到，宇力袜业是后起之秀，实力不够，难以赶超业内大企业。不做最大的，那就做某一领域最强的。根据以往客户下单的情况和自己对行业的判断，庄夊松将战略重心定位于婴童袜。婴童袜的特点是尺码多、颜色多、花样多、批量小、安全要求高、工作量大，许多企业不太愿意做。庄夊松选择专注于这个细分市场，主要基于两个方面的考虑：一是避开大企业的竞争锋芒；二是客户对价格的敏感性相对较低。他看到，这是企业发展的契机。

在过去 10 年开拓外贸业务的过程中，宇力袜业的客户、技术、生产、品质和管理都达到了较高水平。现在，宇力袜业不再需要出去招揽生意，而是客户找上门来下订单。以棉袜系列婴童袜为主攻方向，慢慢地，公司形成了自己的独特优势。宇力袜业坚持质量取胜，要求员工发挥工匠精神，使生产的产品达到日本顶级品牌的水平。日本 80% 以上的婴童袜品牌，宇力袜业都做过。在海宁，要问哪家公司婴童袜做得好，宇力袜业是公认的。

不再需要四处招揽订单，专注于婴童袜，使宇力袜业能够牢牢抓住现有客户，让客户满意，与他们一起成长。2006 年，宇力袜业第一次为日本的 SQ

贸易公司生产产品的时候只有六七个人，现在在日本已经有 40 多个员工，还在嘉兴设有 11 个员工的办事处。它以前的主力工厂在余姚，后来把生产任务全部转移到宇力。日本的 NUM 贸易公司，则把生产从广东的厂家转移到宇力。客户慕名而来，公司有了选择的机会：走中高端路线，做附加值高的产品。

在服务好客户的同时，宇力袜业得到了很好的学习和成长。公司在香港和当地先后取得了进出口权，自营外贸业务。生产流程、质量管理和员工素质的水平不断提高。袜机从 24 台增加到 72 台，厂房面积扩大到 15000 平方米。刺绣机、点数机、剪线机、印花机、烫钻机、印针机和缝制机等工艺设备和相关专业车间不断增加，生产流程日益完善，产品越来越精细化。公司的产值，从 2011 年的 2000 万元增长到 2018 年的 7000 万元（婴童袜产值占 95%）。

企业的发展也经历了许多困难和挑战。初次接触如何报价？如何打样？如何把控质量？工艺、原料、数量、付款方式等如何统筹？例如，为日本的 ESTY 贸易公司做福助品牌的产品时，ESTY 贸易公司对质量要求很严格。当初宇力袜业的实力还不强，打样时间赶不上。七八十种颜色的原材料中许多没有（订购需要 45 天），再加上打样所需的两周时间，出个样品需要两个月。这样的速度怎么拿订单？还有，旺季设备和厂房不够用，如何调节？淡季订单不足，如何留住员工？庄殳松和他的团队通过努力学习，一一解决了这些问题，把企业推向前进。

3.4 创自有品牌

考虑到国外市场总量和价格空间的限制，公司劳动力成本不断上涨，国内市场总量巨大和价格空间较大等多方面因素，宇力袜业当前的发展思路是：稳定发展外贸，积极发展内贸。开发国内销售市场，需要有自己的品牌。宇力袜业创建自有品牌的战略，是从 2016 年开始实施的。随之，企业进入了新的发展阶段。

创建自有品牌不是一件简单的事。对于宇力这样一个企业，光靠一个袜子去打品牌，还是比较困难的。比较稳妥的办法是，与国内一些知名的服装品牌合作，一起发展。庄殳松和他的团队，又一次进入了碰壁、总结和积累的学习过程。经过三年的摸索，宇力在产品设计、商标设计、品牌形象设计和设计人才的成长等方面终于取得初步成就。目前，宇力已经为自己的产品注册了两个商标（爱贝兔和米尼仔），培养了 5 名设计师，其秋冬季的产品设计已经获得市场认可，正在着手进行春夏季的产品设计。在 2019 年的中国孕婴童产品博览会（CBME）上，宇力袜业展示效果很好，得到了客户的认可，收获满满。

接下去是市场的开发。宇力以前的做法是把产品交给代理商，现在，除了打造自己的营销队伍外，宇力的重点是按照产品的特征，与集合店和连锁店合作。公司期望通过这样的合作，从销售商那里获得一线销售数据，以便掌握市场需求动态，为生产规划提供可靠的依据。随着自有品牌影响力的增加，宇力还要发展电商。

第四阶段，宇力的发展目标是：成为一个自有品牌经营企业，不仅自己设计、生产和销售产品，而且要成为知名品牌，使自己成为生产的组织者，让其他企业来生产宇力设计的产品。

4 企业管理四要务

4.1 党建与群团工作

庄殳松辞职来到自己的企业后，第一件事是成立公司党支部。当时，公司有 7 个党员。"我这个人有今天，全靠共产党的培养，没有党组织就没有我的今天。所以，我要感恩党组织的培养，一定要把党组织成立起来，在我的能力范围之内为党做工作。"经海昌街道党委批准，海宁宇力袜业有限公司成立了党支部，庄殳松任支部书记。成立党支部之后，庄殳松在党建方面投入了大量精力。他严格按照上级的要求，认真负责地做好各项工作。"现在我在党群工作方面工作量非常多。我专门成立了一个党群办，专门有一个人抓党建。我们公司做任何一件事情，党组织肯定在里面。党员是一面旗帜，在每个岗位上发挥着重要作用。"

这个企业党支部取得了令人瞩目的成绩，受到海昌街道、海宁经济开发区和海宁市委组织部的高度评价。庄殳松深有感触地说："我这个党支部的确起到了模范带头作用，是一个坚强的战斗堡垒。一个单位建立党组织是非常重要的。党组织这一块健全了之后，什么工作都正。"通过几年的努力，公司党支部在海宁市400多个党支部中脱颖而出,在十个先进党支部中名列第四。庄叒松本人被委任为海宁经济开发区东片区15个党支部的片组长,被选举为中共海宁市第十四届党代表。"我们现在是示范企业,示范党支部。"

庄叒松努力地把党组织的工作做好,听党的话,跟党走,与党中央保持高度一致。他批评有些企业的老板,"挣了些钱,不懂得感恩,觉得这个钱是自己凭本事赚来的,自己挣多少钱与共产党没有什么关系"。他在海宁的工业会议上说:"我们要感恩党组织的培养。没有国家哪有你的小家呢?像中东,战火纷飞,你的人身安全都得不到保障,你还有心思静下来办企业啊,不可能的。只有我们,有强大的祖国,强大的中国共产党,才有今天啊。"

庄叒松也健全了公司的群团组织。海宁宇力袜业有限公司的团支部,是海宁市的先进团支部。庄叒松要求工会做到合理、合群,成为企业的示范工会。如今,公司工会是海宁市、嘉兴市和浙江省的先进单位,海宁市、嘉兴市和浙江省的工人先锋号,还要争取成为全国工人先锋号。

4.2 用人与留人

4.2.1 用人

海宁宇力袜业有限公司是庄叒松利用业余时间创办起来的,职工队伍也是他亲自培养出来的,公司所有管理人员都是内部培养的。庄叒松办企业,一直把用人管理作为最重要的事,把人的思想品德放在第一位。每次厂里招聘管理人员,他都亲自面试。他的用人之道是"有德有才,必须重用;有德无才,可以培养;有才无德,坚决不用"。现任的副总经理当初才能平平,但他愿意学习,从保全工做起,修袜机、修缝头机和到外地学习,样样都愿意做,在每一个岗位上都能踏实做好工作,受到庄叒松的器重。庄叒松原本想培养另外一个保全工,但由于此人怕苦,计较个人得失,不愿意多做事,只好放弃了。庄叒松说:"一个愿意多学一点,为企业多做点事,多奉献一点。一个不愿意学,怕学到之后多做事,多吃亏。一个上来了,一个下去了。就这么一点点区别,变成了两个人:一个是能挑重担的人,一个是不能挑重担的人。"

庄叒松有一套培养人的方案,他有一个职工的职业规划。毕业生刚来,给3000元工资,第二年给3500元工资。"做了五年之后,跳槽的概率最大了,这个时候就要有职业规划了。"员工进来,被他看中之后,做5年当组长，做七八年当车间主任，10年之后当部门经理，15年之后配给股份，做20年可能是一个副总了。庄夐松说："我全部给他们规划好的。这样一来，一个人都不会走。""我们公司里的人都是给自己做。他很荣幸，这个企业他是创业者。他跟着一个好老板，现在是一个股东了。"庄夐松认为自己培养出来的骨干都很优秀，别人想挖也挖不走。他十分自信地说："你们出去自己办企业，还挣不到这个钱。你在我厂里做，只要做好本职工作就行。工作一点一点做，做到极致，没有压力，工资又高，就很不错。"

一个年轻人，原来办披肩厂，见行情不好，到庄夐松的厂里做工。做得很不错，庄夐松培养他当车间副主任。就在这个时候，他自己买好设备，通过副总经理交了辞职报告。他出去后做得并不顺利，给人做了产品，拿不到钱。庄夐松知道之后，让副总经理打电话，把他叫到办公室。了解情况之后，说："我不愿意看到自己培养的人在外面创业不好，这样吧，你来帮我做。"就这样，十几年了，他一直给庄夐松加工袜子，赚的钱与在庄夐松公司里做差不多。庄夐松说："虽然自己办厂可能会充实一点，但要考虑贷款和订单等问题，压力很大的。如果他当时没有离开我们公司，现在也是一个股东，一个老板。但是，在我这里做，压力不大的。"

4.2.2 留人

怎样留住人是各类企业，尤其是私营小企业面临的一个共同的难题。庄夐松有感情留人、金钱留人、规划留人、环境留人、制度留人等一整套措施。

在宇力袜业，员工生病，一般员工由人力资源部经理和工会主席看望，中层以上管理人员由庄夐松亲自看望。庄夐松把自己与基层员工的关系，比喻为爷爷与孙辈的关系："就像在家里，爷爷跟儿子走得近，跟孙子很亲。作为管理者，作为老板，下面的实际管理者，副总经理和部门经理，如果出现问题，你狠狠地训他们。员工不是你管的，你表扬他、呵护他，他感觉很好，不要批评他。老板与员工相当于爷爷跟孙子的关系，我作为爷爷，对孙子绝对是呵护的，我要去管是管不好的。为什么？我不会严厉，只有对他的爱，而没有对他的管。谁管？儿子去管，副总经理、车间主任和部门经理去管。我只有跟他说，'你辛苦了，你做得很好'。我就是这样用情感留人。"

庄夐松的金钱留人，包括薪酬保障和给关键员工分配股份，以及与此密切相关的职业生涯规划。宇力袜业每月按时足额发放员工工资，从来没有克扣员工工资，被评为海宁市、嘉兴市和浙江省的劳动和谐先进单位。"在这些方面，我们付出了很多。这个钱我们公司比一般的企业付出得多，但是我们收获也比人家多。看上去，可能吃亏了，工资付出了这么多。但是，他是熟练工，一个熟练工的质量跟一个普通员工的质量完全是两个概念。在公司的劳动竞赛中，获一、二、三等奖的都是老员工。"宇力袜业很好地保持了员工队伍的稳定，每年都是出去的少进来的多。"袜厂往往是过个年，基本上重新招雇，但我们过个年之后只要补充几个好的，不需要招很多。行政人员和管理人员一个也不会走。"

对于关键岗位上的员工，除了薪酬，还配给公司的股份，最多的拥有公司7%的股份。为什么要这样做？庄乂松说："你不要老是觉得这个人是你亲自培养出来的。他当然对你会感恩，但感恩，一年就一年，两年就两年，以后就没有了。他原来是你的一个保全工，通过五年、十年的学习，现在是一个管理人员了，到其他地方，可能工资比你这里高。他如果回到自己家里，再开个厂，也不会比你差。这样，你流失了一个人才，还多了一个对手。我给他股份，他是一个老板，但只要做分内工作就可以了，其他都不用管。工资、奖金和利润分红都有他的份。这样他很划算。"

宇力袜业中跟随庄乂松十多年的骨干，已经获得股份，成为公司的小股东。"很多企业会按照利润给股东分红，宇力袜业按照产值分红。"庄乂松说，企业会有一些商务和应酬等方面的开支，按照利润来分红，会减少股东利益。股东们会有不知情的情况，甚至会产生矛盾，影响工作和生产。宇力袜业根据产值分红，避免了这些问题。"这样一来，公司日常的必要开支与股东无关，只要大家积极地把订单接进来，老板同意接受这个订单，产值就有了，分红就有了。接单越多，产值越高，分红就越多。"这样的政策，有效地提高了员工的工作积极性和忠诚度。

每年大年初一到初七，庄乂松每天都会到厂里转一下。2019年，他正月初七才到厂里去。走到朝阳路口，看到自己的几个员工。一问，才知道他们在这里招工。"我说招什么工啊，谁叫你们招工的？他说我们自己要招工的。我们大年初五就开始了，有五批人在外面招工，到今天，缺的人基本上招齐了。你看我感动吗？不是我布置的，他们连招工都招好了。"因为他们感觉到这个企业是自己的。一级带动一级，整个企业的正能量上来了。庄乂松自豪地说："我们企业跟任何一个大的企业可以比实力。虽然他们的企业很大，看上去很雄伟。但员工呢？好像铁打的营盘流水的兵，都是新人。这个袜子这么花，做不出来，看都看不懂。但我们企业，什么袜子都可以给你做。"

环境留人，就是创造良好的工作环境和公司环境，让员工安心专心地工作。宇力袜业遵纪守法，在确保职工良好工作环境、劳动和谐以及职工安居乐业等方面做了很多工作。庄夊松十分自信地说："这样才能留住人。一般的企业，如果员工与企业打劳动官司，企业都是输掉的，但是，我这个企业如果和员工打官司的话，企业一定赢的。"除了工作场地和条件以外，庄夊松特别强调制度和纪律作为环境的重要组成。好的制度把坏人变好人，差的制度使好人变坏。环境要有纪律保证。"员工管理，车间主任和班组长一定要严格地去管理。他今天做得苦，明天就忘记了，特别是到月底拿这么多工资，很开心。做得不辛苦，到月底工资拿一点点，哎呀，拿这么一点，真没劲!""有好的制度，好的纪律，才能留得住人。这个叫制度留人。"

4.3 安全生产

在宇力袜业的厂房上，高高地悬挂着"安全生产重于泰山"八个大字。庄夊松说："一个企业少挣 100 万元，多挣 100 万元，看不出来，但在安全上出了事情是无法挽回的。安全必须狠抓，要长期不懈，不能停顿。一个企业只要安全抓好，做出来的钱是会增加上去的。安全不抓好，效益会下降。"虽然抓安全本身是没有经济效益的，但安全问题会产生负面经济效益。"我整个企业从办厂到现在，一次安全事故都没有。"宇力袜业建厂房的时候，庄夊松要求施工方严格施工，做好安全生产。他每天派人，登记工人不戴安全帽的情况，发现一次就扣 10 块钱。

2011 年，庄夊松带着两个员工参加海宁市政府召开的安全生产会议，会后就申报安全生产标准化二级企业。有人说："宇力袜业不是危险品单位，为什么申报安全生产标准化二级企业?"庄夊松说："三级就是嘉兴级，二级就是省级，一级就是国家级，二级跟三级出入大了。"在整个海宁市，安全生产标准化二级企业并不多。2012 年 12 月，浙江省安全生产科学院对宇力袜业进行审核，一次就顺利通过。"审核的石主任对我说，庄总，你可以申报一级的，做得这么好。我说二级已经够了。"2018 年，浙江省对已经通过验收的安全生产标准化二级企业突击检查，海宁市第一天和第二天各检查的四家企业都没有通过，第三天检查到宇力袜业，审核顺利通过，评价很高。"我们企业是我要安全。我要安全跟要我安全，是完全不一样的两个概念。"

公司有健全的组织机构和管理制度，有专人监督与检查安全生产，安全检查已经常规化和制度化。厂里每个月一次不定期检查，要打分，张榜公布。车间、班组和每个岗位的员工每天检查安全问题，已经形成习惯。"安全常抓不懈，从来没有停过。要经常检查，整改隐患，把一些事故隐患消灭在萌芽状态。"员工在食堂吃饭，那里放着消防宣传册，大屏幕播放着灭火案例和消防演习的片子。

宇力袜业一年有两次消防演习，上半年和下半年各一次。车间里都有警报铃，警报响起，所有人员撤离到外面场地上，进行逃生、救火、施救等演习。公司每个月对安全生产进行检查，包括灭火器的检查。一个季度或者半年进行一次灭火演习。曾经有个安监局的副局长，非常认真地到车间里检查，打开消防栓用水泵检验是否有水。来到一个车间，问："你们厂里，宣传教育怎么样？"庄殳松回答："我们公司安全生产宣传教育是经常化、制度化的。我们的灭火演习全员参与，应该说每个人员都能够用灭火器。"他说："真的吗？"他对着一个小姑娘说："来来来，灭火器怎么用？"这位女员工正确地演示了灭火器的使用方法。

4.4　廉政建设

庄殳松 2011 年从政府工作岗位上转到企业后，公司下的第一号文件就是有关廉政建设的。他说："企业必须搞廉政建设。如果廉政不做好，企业给谁做的、什么时候倒闭都不知道。"刚开始抓廉政建设的时候，他发现有关人员要受处罚，但为了留住人才，并且考虑到有以前自己管理不到位的原因，采取了有则改之、无则加勉的办法。"以前的事情有则改之，无则加勉。以后再出现这个问题，不管碰到任何人，职务有多高，能力有多强，一律除名。"在宇力袜业，廉政方面有 89 条禁令，除了庄殳松这个总经理（老板）之外，所有人都有禁令。"开供应商大会的时候，我跟他们说，以后任何单位，不允许向我们工作人员请客、送礼，请他们唱卡拉 OK、泡脚、逛街买东西。只要发现一次，你这个单位列入黑名单，我们这个工作人员调离工作岗位甚至开除。"你有本事的话，可以天天请我老板吃饭，但下面的人一个都不许请。

庄殳松承认，搞廉政建设是很难的。他说，为了做好廉政建设，自己必须做到诚信，让供应商供应原料时想着自己的企业，认识到不给他的企业供应原料会吃大亏。自己的员工呢？如果不在宇力做，到其他的企业做，工资、环境都没有这么好。"那我其他都要配套。"营造良好的工作环境，遵纪守法，不克扣工资，良好的福利待遇，让员工在这里舒服、安心。"我们在这方面实施了很多政策。"每年一次旅游，带薪年假（因工作需要不能休假的给予经济补偿）、婚丧假，生日贺礼、住院探望等。

　　在宇力袜业，员工每年要签廉政协议，中途还有检查。"安全抓好不出事故了，廉政抓好没有漏洞了，那企业就健康了。""通过九年时间抓廉政建设，风气正了之后企业也正，客户最愿意跟我们这样正派的企业合作。"庄殳松在公司实施廉政建设，得到了政府的认可。《海宁日报》对他进行采访后，刊登了专版文章。浙江省纪委监察网站高度评价宇力袜业的廉政建设，写了 19 条。庄殳松本人被聘为海宁的清廉监督员。"我通过大会发言，向企业、政府宣传我们宇力。很多企业都跟着我在学，跟着我在做。"

守正创新

——邱建明破解成长难题①

赵　昶

邱建明，一个成功的草根创业者。《道德经》曰："修之于身，其德乃真。修之于家，其德乃馀。修之于乡，其德乃长。修之于邦，其德乃丰。修之于天下，其德乃普。"邱建明始终保持一颗朴实的心，关爱家族后代的成长，关注家族的发展。同时，他细致谋划、布局公司的未来。邱建明专注于自己的企业和空调压塑机事业，创建了浙江麦迪制冷科技股份有限公司，跨越一个个险滩，化危为机。他的解决方略，总是那么自然地契合管理理论的精髓，处处彰显了邱建明的真知灼见，可谓"执奇正以四伐"。如今，邱建明的公司可谓脱胎换骨，在自主创新的基础上，打造出一条条柔性且高效的自动化生产线，公司的智能化制造转型有力地助推公司登上一个新高峰。可以预见，一个更内敛、更具成长性的公司正在路上。

1　创业历程

1.1　进入空调业

邱建明的爷爷当了30年的供销社主任，邱建明干过供销系统所有经营部

① 本文根据对邱建明的深度访谈和对他所创办的浙江麦迪制冷科技股份有限公司的现场调查所获得的系统资料撰写而成。第1~3部分记录了邱建明创业学习的经历，第4部分展示了他创业学习的一些经验与启示。全部故事材料和思想观点由邱建明亲述，或从公司调查中获得。前期调查由许胜江组织实施，原始话语记录及录音整理工作由2015级工商管理专业本科生巩春晓完成。后期调查由赵昶实施。笔者在忠实于邱建明创业史实和话语原意的前提下进行写作，文稿经邱建明本人审核后授权出版。

门的工作——从卖布、卖木、粮站、水产到五金销售，只要是供销社有的他全都做过一遍，可是挑了一大圈他都觉得这些行业不好。当时，供销社里有人租柜台修手表，那时候手表还很少见，有钱人才能戴得起，维修钱好挣，邱建明就去学修手表。学了一段时间，他发现自己在机械上特别有天赋，即使是到现在，拿一个手表来，他还可以把它重新装起来。但这个东西没什么技术含量，邱建明觉得这行以后一定会被淘汰掉，于是他就不干了。

当时，有人跟邱建明的爷爷说，你家孙子实在不行可以来卖木头。邱建明发现，供销社的人永远都是买来一个木头，卖出去一根木头，但是这里面有很多商机。木材的立方数等于木头小头的尺寸乘以长度，比方说，买来的木头是四米长，木头的小头直径是八厘米，山里人实在，整根木头的长度一定只会多两厘米，邱建明把多余的两厘米锯掉，那么八厘米直径变成十厘米，再乘以四米，木材的立方数立刻多起来。仅凭这一招，就可以赚钱。邱建明还发现，农民买木头回去也有不同用途，比如造房子、做家具等。不同的买法有不同的用途，木头也会产生不同的卖法。于是他想出第二招——把木头切开卖。邱建明晚上睡在木厂堆里面，整整切了一个月。虽然钱多了起来，但邱建明的工资并没有多少钱。邱建明说，不加工资不干。因为家里很穷，要多挣钱养家糊口。后来有水产老板邀请邱建明，前期也赚了一些钱，但搞水产经营太累了，邱建明也不干了。再后来，邱建明的父亲安排他到村里办企业，先去一个台湾企业里打工，但学不到技术，不久邱建明辞职离开。

1992～1998年，杭州有30个冰箱厂。西冷、华日是两个最老牌的厂家，老板电器的前身也是做冰箱的。1992年，邱建明到了余杭运河电子仪器厂，从工人做起，学技术、学制冷。当时，工厂挖来一个地方国营单位的总工程师。邱建明就跟着他学，那时候工资差不多一个月可以拿2000元。做了两三年后，工厂开始慢慢走下坡路，邱建明就跟着师傅去杭州发展，那年他25岁左右。

后来，邱建明的师傅回到国营厂当了副厂长，作为徒弟，邱建明大概花了三年的时间，做到采购部部长。邱建明人缘好，每年年底的时候，他总会杀鸡宰猪送给员工们。

邱建明27岁结婚，婚后三年在家休息。原本邱建明想回供销社去"顶职"，但邱建明的父亲说他以后会赚钱，不需要去"顶职"。他大伯又老实又没有文化，让他们家去"顶职"，家里面就兴旺起来。邱建明没得选，他的师傅就让他去开个店。开店卖什么呢？就卖空调配件，帮着代销。开店后没生意，邱建明去求师傅支招，师傅告诉他可以联系以前的客户试试看。于是，邱建明做了一张广告纸，写着有什么东西，然后用快递寄上一遍。

这个信件发出去以后，生意马上就来了。1997 年，邱建明一天可以挣两三千块钱。邱建明赚到钱后特别高兴，立马买了一个传呼机，又到解百买了一辆山地自行车。供销社看他买了传呼机和山地车就把房屋租金从一年 500 块钱涨到了一年一千元，于是邱建明从供销社独立了出来，自己去办理了营业执照。

1.2 贸易赚得首桶金

大概在 2000 年，邱建明成立了杭州环球电子制冷设备厂，并办理了营业执照，厂址选在杭州市余杭区东新路，和两个哥哥合开。差不多一年有 3000 万元的产值，最高时冲到 8000 万元，但几年后利润也开始下降。

那时，邱建明也买了车，早上 6 点钟起床，把一车货拉到店里，卖到晚上六七点钟，再跑到上虞、宁波把货拉回来，晚上就睡三四个小时，天天干活。

2008 年金融危机之前一段时间，工厂效益实在是不太好。邱建明的身体也不太好总是胃痛，人也瘦，他的父亲劝说他不要做了。于是邱建明给两个哥哥 200 万元，让他们两个去开店，邱建明就留在家里。

当时，邱建明和一个叔叔组团去浙江大学读 MBA。读书时候，邱建明的同桌是万向的老板，而马云是班里不来读书、挂个名的。有一天马云来了，邱建明就去交流了。那天回来后，邱建明就做起诚信通，把老本行的东西搬到网上去卖。即使后来金融危机来了，邱建明公司的生意还是很好，销量也从几千万差不多快做到一个亿，供应商都供应不上了。那怎么办？邱建明决定自己建厂。

1.3 创办工厂

2008 年，邱建明开始自己生产过滤器，厂址选在原来的环球电子制冷设备厂，共有六亩地，前面做仓库，后面还有一块空地。邱建明在空地上建了一幢四层楼的房子，在里面生产过滤器。解决了场地，那技术怎么办？邱建明采购时认识谁做销售的，谁做技术的，谁做品控的，把一拨人挖来，工厂一下子就起来了。那一年差不多生产了近两万个过滤器。

2012 年，国内的压缩机厂有加西贝拉、东贝、万宝、恩布拉克（就是原来的雪花）。那时候，东贝卖 100 块，万宝就卖 120 块，加西贝拉就卖 160，赚钱是很难赚的。邱建明自己做一个牌子，叫斯波兰，定价 150 元/台。邱建明一个人就可以卖 11 万台，算是销售大户了，当初整个压缩机行业的年销量还不足 6000 万台。

2012 年的时候压缩机很好卖，有时有钱也采购不到压缩机。开始的时候，邱建明去别人工厂买旧压缩机回来翻修，然后开始做新的，就这样一点点做起。第一年赚了 100 万元，第二年亏了，第三年又亏了，亏了有五六百万元，原因是压缩机的质量不好。于是邱建明开始不停地买设备，投入了差不多 2000 万元。但钱烧完了，工厂也没有起色，邱建明便想关掉压缩机厂。此时，政府找到邱建明，说有这么多产值，给他一块地，一亩 36 万元，邱建明拿了 20 亩。

邱建明拿到地以后就开始建厂房，一共投了 3000 多万元。但到厂房全部完工时，压缩机厂仍然奄奄一息。于是，邱建明把所有的东西都卖掉，发给员工三个月的工资，让他们全部走人。邱建明在行业里也算是小有名气的，于是很多人对邱建明说，可以再搞搞看。邱建明嘴上说不搞了。坚决不搞，可还是天天不回家在研究这个技术。

后来，一位老板带来一位工程师，这位工程师救了整个企业。工程师说他不要工资，直到邱建明认为好了再给，双方谈了一分钟都不到，工程师第二天就来上班了。工程师三个月后做了一个压缩机，一万台马上就卖出去，比原来的压缩机成本更低，而且每一台的质量都没问题。第一年冲量，一台压缩机只赚 80 多元钱，一年差不多卖了 20 多万台。邱建明看到了希望，加大投入力度，开始上设备，一年可以做五六十万台，现在达到 300 多万台。

当整个压缩机行业标准化、投资化、规模化后，利润开始下降，但最差的压缩机每台还可以赚五六十元钱，钱还是大把地赚。但邱建明认为，真正的工业企业没有把压缩机行业搞起来，都是用资本做着无限量级，整个压缩机行业从 6000 万台才做到了 1.2 亿台，然后一个产品同质化竞争，看谁厉害。企业未来的发展方向，就是压缩机还是有机会。因为压缩机不像原有思维局限用于冰箱，它使用的范围比较宽泛。以前一户人家就一个压缩机，现在家里可能用到五六个压缩机。

1.4　布局未来

　　没有资金就没办法去发展，所以邱建明一路走来都在不停地在找钱。那钱从哪里来呢？没钱怎么办？邱建明记得很清楚，出来创业没钱，他跑到银行去借钱，人家都不肯借。邱建明说用房子抵押，银行说里面没东西，这个就不值钱。邱建明又跑到信用社去贷款，贷款的时候任人"宰割"。于是，邱建明把所有的东西用纸箱全部给打包打起来，做资产做评估。一座房子的资产比例就这样控制下来。为了做第二次贸易，邱建明卖了杭州的房子，买回了土地。

　　邱建明说，如果说要讲钱，肯定是不想去办企业；如果是讲年龄，可能也不想去办企业，但是人终究要做到天花板，不到天花板你肯定不会说我已经认输了。邱建明觉得未来的发展有两个出路，要么去上市，要么被并购。上市有自己的模式去做，但如果被并购了，也有并购的模式去走，这是两种不同的模式。如果说要被并购，就不去建新的厂房，而是把利润产值做到天花板，说白了就是卖最高价格。如果要上市，就要逐步发展。比如公司的产值现在是 3 个亿左右，利润是 3000 万元。对公司来说，增长 10%，可以很轻松地完成；增长 20%，也可以很轻松地完成；到第三年增长 30%～40% 的时候，还可以冲一下，但这个时候已经到了天花板。

　　邱建明的企业上市的可能性会很大，因为邱建明觉得企业发展要掌握在自己手里，而且上市符合当今的趋势，上不了再被并购，也无所谓。

　　邱建明认为：第一，拿了人家的钱，没有给人家很好的回报，也过意不去。如果不上市，每年可以赚几个点的利润，但跑不过投资的钱。有的兼并有对赌协议，但要邱建明并不想签对赌协议的，对他来说，钱进不进来，无所谓。以前邱建明认为上市要好几千万元，现在邱建明把它搞清楚了，上市只要两三百万元就足够，两三百万元又没关系，自己口袋里可以拿出个几百万。

　　为了上市，原本邱建明打算建一个新的工厂，但现在就不想建了，因为建新工厂会分散邱建明的精力，产值一定会下降。要让企业平稳地发展，不能走得太快，也不能让它走得太慢。现在公司有很多的产品，没有拿到市场去销售，邱建明就不停地开发，时间到了就拿一个出来卖。这样干，利润能搞起来，产值也可以。邱总现在不从公司拿一分钱，为什么？不想这个账上面被人家说从公司里捞钱。

　　第二，如果说有投资人进来，要对得起投资人。如果说被兼并，也要对得起他们。兼并后产值翻了 10 倍或 20 倍，那是他们的事情，邱建明也不管了。如果这时候他们说还要邱建明管，那就任人管三四年，但最后肯定还是会走。这里有两种可能性：一种是同行，同行有人，走的时间会更快；另一种是非同行，走的时间会慢一点。

邱建明认为，这个行业发展很快，有做到百亿的潜力。要做大，就要有投入、技术、销售三波人。现在公司的设备基本上都可以做到全自动化，还在不停地进行技术改造。当然也不能一步到位，全改成自动化，必须一步一步地改，差不多一年投资 1500 万元到 2000 万元，最终工厂一定会做到 1000 万台，平均下来一台投资的价格都在 150 元左右。

进入 2019 年，邱建明还做了一个大手笔的布局。一方面，卖出升值潜力不足的或缺乏战略价值的土地，在盘活资产的基础上，开发杭州城区的土地，建了一幢 5 万平方米的办公大楼，以备后续出租，每年能稳定获得 7000 万元的物业费。另一方面，他在德清购入一块 300 亩的土地，用于建造新工厂。完成这些布局后，邱建明胸有成竹，以积极姿态应对各种不确定性。

2　创新制胜

2.1　风险预防式经营创新

家族管理、团队管理和反倾销规避等是很多中小企业在发展中遇到的挑战性问题，邱建明在独立认知的基础上，给出了创新解决之道。

2.1.1　家族管理

邱建明家族中有 12 个人一开始在原来公司，后来 12 个人一分为二，邱建明拉了 3 个人出来创立麦迪制冷公司，现在公司产值已经做到 3 个亿。家族的第二代都在企业打拼，目前邱建明的孩子都独立出去打拼自己的事业。

对于非家族员工，以内部培养为主。招聘来的员工基本上会有 20% 的人留下来，那些对企业忠诚度高的，推荐上来当组长等，然后逐级往上升迁。如此经过 2~3 轮，员工可以先担任副部长，公司从外面聘请正部长 1~2 人，让内部培养起来的副部长跟随学习。外聘部长带来了先进的理论和方法，但是他们一般不会考虑长期留下来。随着他们的离开，副部长转为正职。对于绝大多数老职工，公司很难通过提升工资来弥补他们长期付出的贡献，于是公司通过开设一家投资平台公司，它占麦迪制冷公司17%的股份，投资平台公司全部由通过考评获得资格的员工持股，通过发放红利的方式补贴有贡献的老员工。股份一般每三年会做一次调整，对此重新加以认定。

2.1.2 团队管理

邱建明说，竞争对手一直到公司来挖人，最多时一起被挖走了12人，从技术、工艺到操作员。压缩机行业龙头企业东贝公司也面临着同样问题，即不断地被挖人、招新。被挖走的人到了新公司，往往当他们的"剩余价值"被压榨完了，就面临着被辞退的结局，因为他们的工资待遇是企业不能长期承受的。但是不管怎么说，他们带走了公司的技术诀窍和管理方法。为应对同行挖人及带来的一系列麻烦，邱建明在杭州市区设立了一个10人的研发中心，不断地开发新技术，储备各种解决方案，让对手哪怕是挖走了员工也无法赶超。与此同时，邱建明一改原来的团队凝聚与交流做法，将相关部门有意识地割裂开来，平时尽量减少他们相互熟悉的机会，使后来离开的人不可能同时带走一大帮子同事。而且，使其只限于自己职责范围的技术，公司的集成技术尽可能地掌握在公司几个核心成员手中。实践表明，采取了这些防范措施以后，整个团队被挖走的现象基本被杜绝了。

2.1.3 反倾销规避

对邱建明来说，2017～2019年是不一样的3年。2017年以前，公司加大了国内销售，每个环节都在投入，没有什么特别的感觉，但到了2018年五六月，邱总明显感觉到中国制造的整个供销两端发生了变化，销售前端开始走下坡路，情势不太妙，便在2018年8～9月加大出口力度，出口一下子从8000万元产值提高到年末的1.2亿元产值。2016～2018年的年均增速不超过40%，2019年体量上来后，出口增速高达60%。

邱建明的公司有两种产品，一种是铜管配件，另一种是压缩机。邱建明认为，中国制造企业必须要做两种产品，才不会死掉。因为一个产品不可能永远维持良好的状态，两个产品可以发挥术业专攻、互相支援的协同效应。

中国制造业成本廉价，经常会遭遇到反倾销压力。邱建明在5年之前就曾判断，中国压缩机会必将被反倾销调查。于是，公司把客户群体有意识地细分开来：中东有不稳定局势、东南亚价格优势不大，欧美存在反倾销调查。国内市场也开始细分，如开发出高端饮水机，延伸出净化器带制冷功能。市场都需要做细分，它对企业发展十分有利。

当前中国有很多企业，一股脑儿地跑到东南亚去做制造。邱建明考察了解后，认为人还是最根本的。而且，来料加工再卖到国外去，以前不受反倾销，现在也要受制于反倾销。邱总采取了从越南、泰国购买铜管，企业再做铜管深加工，这样既有效地防止反倾销制约，又能扩大铜管的销售产值。

2.2 情景化跨界创新

压缩机这个行业，跟其他行业不太一样，有个产品更新的生命周期。中国在30年之前是用212的这批HFC，做了十年之后，来了一个134A，这时压缩机就开始大刀阔斧地革新。革新以后，又开始了60A，而后又开始转600A，随后600A已经稳定。现在业界的领头企业又开始改，改成1234Y。每一次都要踩到这一波未来的时候，要踩牢，就可以做一波，长达十年。

像变频压缩机，常用的空调会制冷就可以了，第二代空调开始改进如何调节水分、湿度，当温控室开到29℃，就可以实现一晚一度电，以前的空调根本做不到，变频空调就可以做到。空调有红外线感应器感应体温。睡到后半夜的时候心就静下来，血液流动也慢下来，温度也会降下来，空调就开始慢慢变频，温度就变高，舒适度就会更好，用电量就会更省。空调也好，冰箱也好，压缩机是核心。现在压缩机这个技术，比方说要做到0℃，一定要用到变频技术，没有变频技术是做不到的。

压缩机的使用范围非常广。最早用在冰箱中，后来是为了保鲜食品，买一个小的冷柜。年轻人都是喝凉水，喝凉水要什么？需要制冰，所以很多人都有制冰器。还有很多人都在做新风系统，这个行业已经起来了，一户人家的新风系统可以用三个压缩机。还有热水器，现在也开始用压缩机。自动贩卖机，日本有200多万台，那中国至少也有七八百万台，这个容量还是很大的。所有店里面卖的橱柜、冷柜的要求比原来要高很多，那相应的压缩机的性能要求也会高起来，这意味着家用和商用要分开来。家庭冰箱的要求会越来越高，以前家里的冰箱只要结冰就是好的，现在又有一个新行业来了。为什么情人节买的玫瑰花这一天不涨价？因为有保鲜技术。玫瑰花放在0℃的环境中短时间内它是不坏的，比方说再过三天就是情人节，到情人节那天要把花放出来，怎么个放法？今天是0℃，明天是1℃，后天是2℃，到了第三天调到3℃，到了第三天玫瑰花就开始开放，小姑娘小伙子就可以买到新鲜的玫瑰花。这个都是靠数字控制技术实现的、现在的冰箱结合了互联网这个模式，因为所有以前做的压缩机都不能接入互联网，都是用定频技术。变频是什么呢？是 100 瓦能做到 200 瓦，从 2600 转到 4200 转，变频是靠转速和毛细管的粗细来控制的，所以家里冰箱可以做 0℃、－18℃。这样还有一个好处，比如回家准备烧个鱼，这个鱼是冷冻起来的，怎么办？可以远程遥控家里的冰箱，使冰箱制热，把冷鱼给它化掉。所以，压缩机这个行业绝对是个大的行业。

压缩机更新换代还是很快的，邱建明从中找到了一个新的行业机会国内有家吊顶工厂，旗下有六个工厂，每个工厂的占地基本上有 250～300 亩。他们找到邱建明做新风口，新风口里面需要装个压缩机，否则风吹进来会有热量，要把这个风过滤一下，再下来。原来他们用的是空调压缩机，声音很响，咨询邱建明怎么弄。邱建明就说用他的压缩机，然后过了一个多月，这家公司很高兴地告诉邱建明使用他家的压缩机没有声音。

2.3 稳健性开发创新

创新不是想象中的创新，邱建明觉得创新是在原有的基础上去做创新工作，而不是空头想象去做创新，这是绝对不符合规律的。在原有的基础上去改变，去做创新，这才叫真正的创新。

现在的压缩机跟以前的压缩机不一样，以前的压缩机差不多要 14 颗螺丝钉，多的可能要 17 颗螺丝钉，而公司现在的一个压缩机只有 8 颗螺丝钉。比方说原来需要 4 个螺丝钉"嘣嘣嘣"冲上去，现在装配帽子都是"叭"一冲，不需要螺丝的，省了不少钱。

有的人生来可教，有的人生来不可教，特别是老派懂技术的，绝对是教不过来的。公司唯一的方法只有换人！于是邱建明一边不停地找人，一边慢慢地更换"血液"。

邱建明现在对自己改的东西不满意。人家说做的时间越长，技术水平越好。邱建明认为说错了，做的时间越长，胆子越小。开发人员说要改这个改那个，邱建明一个都没审批。他们问为什么不批，以前不是胆子很大嘛？现在胆子小，是因为很多东西都被邱建明改坏过，所以现在基本上都是不改。然后在生产管理方面下功夫，可以省一笔钱回来。因为现在的生产跟以前的生产不一样，以前的压缩机一个月也就生产两三万台，现在的压缩机一个月的产量高达 20 多万台。一改，一个失误，20 万台就没用了。

这几年企业拿到了政府大规模的补助，邱建明拿到补助后就拼命参展。当然也要有用，没用的东西不去参展。对于拷贝回来的东西，必须搞清楚里面的零件结构和功能，需要前期开发人员去开发、去弄懂，然后在他原有的基础上再去改，否则是做不好的。邱建明基本上是先拷贝后改进，再学怎样去做。这个是有教训的，邱建明刚开始做出口的时候，英文连在一起就读不出来了，翻译也翻译不出来。那个美国公司说邱建明抄袭，其实这个英文字其实就是他们公司名称。

现在经营环境越来越严格，包括国家层面，往上走的时候对各方面要求还是很严格的。邱建明防范风险的方式也比较独特的，模仿时一定会做好防范措施。邱建明现在差不多拥有 400 个专利，每当他消化完一个东西，就会注册所有的实用新型专利。当初看起来对公司一点效果都没有，但是打官司很有效果。

邱建明曾跟美国的一个公司打了整整 9 年的商标官司，美国公司都没能把商标拿走。到美国去参展，这个美国公司的展位上插美国国旗，邱建明就在摊位上插中国国旗。有一年邱建明去参展，这个美国公司说，你这个不行，因为你这个没有在美国注册，邱建明说这个没有也没事，上面打了 Made in China，然后插了一个中国国旗。后来中国制冷协会开协调会，双方算和解了。

3　质量立业

质量是放在第一位的。当时邱建明的公司因质量不过关濒临倒闭，现在公司的质量意识就很强。小厂的技术是最薄弱的一环，管理人员流动是最大的弱点，那邱建明如何做到高质量？第一个是管人，即人管人，采用了一代管下一代，再管下一代这个模式去管理。邱建明以前什么事情都想自己做，想省钱。但现在邱建明反过来，认为他工厂的大门不是在厂门口的大门，大门应在外检品控里，一个好产品不是检验出来的，需要外协和管控。公司外检品控的人员工资待遇都相当高，不停地培训、培训、再培训。

3.1　接力式质控体系

如果是技术出身的，质量方面不用去管他，自己可能会把它管起来。如果是以管理身份创业的，那就要不停地加强质量管理。一般来说，邱建明先会去别的工厂去参观，这个是要学的东西，要去盯。然后就是挖人，尽可能把管理体系负责人挖来，然后用半年时间发挥其全部潜力。这样连挖三波人，天天给他们讲，慢慢地梳理出有条理的管理方案。

第一拨人来，把做好的资料收掉。第二拨人来，依然把资料收掉。第三拨人来，邱建明就把前面两拨人的资料放在一起，让他们来做一个综合，基本上就是实现控制质量。压缩机有很多标准——机械的标准、电的标准、UI标准、3C 标准、CE 的标准。公司推行 ISO 9004 质量管理体系业绩改进指南，凡是做不到也不科学的地方，结合公司实际都做了剪裁。

公司自己的人学什么？比方说国标、企标学完以后，就把外面的东西引进过来。引来以后就知道国标是什么样子的，有没有在国标里面做出企标，做出更高。但太高标准也是浪费，太低也是不行的，足够了就好。有两三拨人改过以后，邱建明就知道真实性有多少，否则没办法控制真实性。公司原来那个工程师就是因为邱建明太不懂，吃了这个亏，犯了两个错误，第一个错误是邱建明没有好好去学，被那个人忽悠了。第二个错误是公司的信息渠道太窄。招人不是只招个人来就好了，要招他脑子里的东西，这对于公司来说是值钱的。那个工程师过来，他也没什么大的本事，却能使企业起死回生。那个工程师实际上找好了渠道，然后再把工艺改一改，质量就上来了，这就是他的聪明之处。邱建明现在还在沿用他的方法，公司能做到快速开发产品。

邱建明以同样方式管理好供应商。一般说来，他会先找一家大的供应商，比如这个零件 10 元钱。接着他又找一家小的供应商，同样的零件报价 8 元钱，两者相差 20%。主供是大厂，副供是小厂。然后，邱建明就把大厂的套路教给小厂，不停地帮它们提升能力，因为一旦小厂倒闭就无法供零件了。

3.2 三三制外协控制

公司有专门的技术部、开发部、品控部，公司把它们分开，使之相互监督与制衡。公司每天要汇报缺陷率、合格率，有专门的 QQ 群每天把问题暴露出来，这样才可以管控好，发现问题才能去解决问题。

外协实际上是咽喉要道，如何去管控公司的外协质量？邱建明认为一个工厂的大门在于品控，如果说品控放闸，再好的东西都管不住。公司以 5.5秒的节奏生产产品，要靠检验是很难的，一开动机器，几百个产品就下线了。所以邱建明对外协厂的管理是相当严格的，公司每次都要审查外协厂的供给能力。采用三三制控制方式，即在三个外协确认环节中三个部门联合介入。

开发产品时，技术部、开发部、品控部三个部门会持续介入到外协控制过程中。开发部最早介入，设计出样机，然后对外协工厂做个评估报告。技术部会在产品生产之前，同采购部门一起，对所有的外协厂进行进一步的考核。采购部门不停地采购，了解采购渠道。那么现在开发部门又找回来一批外协厂，这样做，第一可防止"吃回扣"现象，第二新的供应商更难说话。公司基本上会再梳理一遍，梳理以后，公司就开始外发。生产部、品控部、内检部召开质量会议，开发部的人要讲一遍这个压缩机系统，接受大家的询问。之后，内部开始小批生产，第一次一般来说做 50 台样机。样机做完以后，全部要测试，合格率必须要达到 98%。这个做完以后，再做中批试制。中批试制的样机数量是小批的两倍，一般来说 100 台，100 台里面只允许一个出现质量问题。第三批公司要求达到 100% 合格，一共做 200 台。200 台做完后，再测一遍质量，测出来的质量必须要在范围值以内。然后做寿命测试，之后就可以开始批量生产。技术部、生产部、品控部开始做工装夹具、调试等。后面小批生产的时候，所有第一次生产的东西要有技术、品控、开发部门的负责人在线上给盯住。然后生产一周后写出总结报告。

4　经验与启示

4.1　创业伦理

创业二三十年以来，在认识的朋友当中，邱建明看到有人的企业倒闭了，有人改行了有人把企业交接给下一代，也有把头发做白的老人。邱建明很尊重劳动致富这四个字。他创业这么多年，最大的感想是，别人说老板就是在上面坐坐，但不是的，老板真的要什么东西都去做！

邱建明的爷爷在供销社做领导，他的父亲原来在教书，后来在企业里做会计。他们从小就教育邱建明兄弟：可以没有钱，但是一定要有自信。能做到敬老爱幼，人就不太会突破道德底线，做了不好的事以后会在良心上谴责自己。邱建明会跟员工谈工资，但是从来不欠工资，这是邱建明的原则。

邱建明认为，要做良心企业。人的生命很短暂，不能去做伤天害理的事情。邱建明对所有的员工都很好，员工流动得很少。对于离开的员工，邱建明跟他们说："如果你们认为不好，你们可以出去，你们觉得外面不好，你们也可以回来。"很多员工后来都选择了回来。

邱建明说，做农业的上市公司收购新能源企业，化工企业收购互联网企业，他们懂什么？他们去挖人，挖回来的人也要有人管吧？邱建明认为，道德底线就是规章底线。比如，邱建明会讲清楚员工的薪酬待遇，员工你要拿100元是吗？可以，到年底给你100元。邱建明很简单地把条文分为一式两份，一份给员工，另一份给人事。如果员工认为做到了，就拿着这个条文领钱。邱建明现在就是以这种模式去管理员工的薪酬。

4.2 项目选择

选项目就是选专业、选工作，比方说学金融专业的，选金融行业的比较好；学机械的，还是选做机械的比较好，做自己熟悉的，转行未必会成功。要选好目标，再去打猎物。子弹只有一颗，不能一起打。

对于项目，邱建明会看重哪些？第一是看市场的机遇。看这个产品符不符合市场，一定要选择最佳的机会，一定要带有技术，机会和技术是同等重要的。一个好的项目，如果没有技术也是空谈，项目和技术应该是共同发展的。第二是看核心团队。团队创业是一个不错的选择，找有资源的人共同发展比较好，而不要找一大帮没有资源的人。要先消耗完手上的资源，再去找外围的资源。因为初创型企业，缺乏制度，没有规则，是靠情感纽带维系。

解决了技术，解决了团队，解决了竞争，那么接下来就是社会关系。因为有了社会关系以后，这个钱来得就很简单。做完了所有的事情，再去做创新。不要没有在做稳之前，匆匆忙忙地就去搞创新，那就项目死掉了，创新是最后面的。

公司上了新三板以后，邱建明认为他做压缩机是绝对有优势的，而且绝对有影响力。中国有这么多上市公司，有这么多小企业，这么多上市公司里面又有很多小企业。但人的一辈子只能做一件事情，不能做很多事情。邱建明认为要选对行业，这个相当重要。为什么邱建明觉得他们这个行业好，好在哪里？任何行业都有一个体量限度，如果这个体量是过百亿销售额的行业，那就选对了。未来人要去发展，首先要选对行业，这个类似于人生规划。邱建明认为，做生意的成功率其实很低，所以说行业要选对，有信心、有能力把它做大。以后哪怕做得再大些，也不用天天去收购。上市公司收回来的，为什么死掉？因为它乱收。很多上市公司根本管不了，它们只是能拿到资源。未来的发展一定是凭着自己的产业，这样才可以做到最大化。

现在邱建明的公司一年的销量能够达到 300 多万台,销售额相当于 3 亿多元。公司做的产品品种已经多于中型公司。现在压缩机行业中的大型公司都是上市公司,产能在千万台上,比如华意是 3700 万台,东贝是 2600 多台。压缩机可以很快做出规模,前提是做好三样事。第一,技术。稳定性要好,不要出质量问题。第二,销售。人勤快一点,去跑一跑。第三,利润。采购的时候再精明一点,拨两下,就给拨回来了。实在没有利润的话,很多产品就去深加工一下,就可能赚回来。因为这个行业体量大,利润还是很好抓的。

4.3 创业能力

第一,自知。大学生出来创业,一定找小型的公司,再找中型的公司,然后去大型的公司。在不同的公司工作过,走过不同的行业,然后再对自己进行定位好。做事情一定要狠、快、准,如果说不具备这个条件,不要去做老板。邱建明不希望每个人都去创业,这是不正常的。有的人适合做老板,有的人适合做管理,要先把自己的几斤几两拿来先称一下。

第二,果断。创业是什么?要想好万一失败怎么退出?有很多人只是想着自己怎么一夜之间发财,创业之后就是亏损,这个是绝对不行的。看见态势不行的时候,要立马关门,不要犹豫。看似现在吃亏,但关门越早,二次创业的机会越大。如果一定要拖到一穷二白的时候才关门,以后永远都翻不了身。

邱建明认为,开朗的人创业成功率会高,不会来事的人创业成功率比较低,再好的人品,再高的学历都没有用。邱建明觉得,外向的人应该做老板,然后内向的人可以做二把手。

要创业一定要学会销售,销售是王道。如果说不会做销售,再大的本事都没有用。因为要赚人家口袋里的钱,所以一定要有销售水平,一定要有独有的魅力,邱建明认为这个太重要了。

第三,格局。乡镇企业未来能够走多远或者发展平台有多大,其实最核心的瓶颈取决于创始人的瓶颈,也就是"一把手"的瓶颈。如果说这个创始人有巨大的想象空间,那么这个企业的未来前景也会非常大。乡镇企业、民营企业有局限性,从系统化管理、科技创新来说,确实没有高端企业强,但是乡镇、企业、民营企业在扁平化销售、核心高管团队等方面,虽然说学历不是非常高,但是整体战斗力还是非常值得认可的。

第四,阅历。一个创业者,如果销售都不会做,那么一点用处都没有。如果要去做销售,就要凭眼力、脑力和应变能力。为什么创业之前要从小公司到大公司都要去经历一遍？因为小公司有小公司的生产之道，大公司有大公司的管理模式，知道了从小做到大的轨迹，当中型公司陷入停滞的时候就知道怎么做。邱建明如果没有去供销社工作过，他永远不会有今天。如果说邱建明去了工厂之后像人家说的见手就抓，别人就不会来帮忙，邱建明也就没有今天的成就。人有一份付出，就有一份得到。所以说现在的创业者要实实在在地干一番，现在还不到值钱的时候，等到做起来了会很值钱。

创业的人一定要有时间观念，不能说今年创业不成功，没有赚钱，明年再过一年，后年再过一年，那就是死掉。不成功，关掉，再去学。学回来再改，不能拖。因为人生去创业的时间很短暂，创业和好好工作都具有时间性。创业也有节点，过了这个节点，是创不出来的。

4.4 学习方式

创业是一个学习的过程，但是这个说法太宽泛。创业需要不停地学习，因为时代在变，人在变，用的方法也在变。

原来的时候，邱建明读书读不透，或者是不想读，不知道有什么用途。现在去读书呢？是有针对性地读书，缺什么补什么，需要什么学什么，学的是背后的理论。比如说，有人说人家都去上新三板了，邱建明怎么不去申报？邱建明要去做三板上市，那他就要去学习财务知识，但实际上他不做财务。有一天找一帮人吃饭，邱建明抛了个"绣球"出去，说新三板很热门。抛完这个球以后，大家议论纷纷，他就在旁边听他们讲。邱建明根本不懂，但是与他们唱反调，气氛一下子搞活了，争论得很激烈。邱建明花了两三个月的时间去转了一圈，浙商要和邱建明签署合作协议，他说再等三天。他跑到哪里去呢？他去参加浙江大学的金融班，过了一周才回来。邱建明连续三天请他们吃饭，听他们讲，听完以后回来就跟浙商签合同。

失败也是一个重要的学习途径。对于初创者来说，心灵要足够强大。失败的原因有很多，有各种各样的失败。举个例子，没有管控好，就失败；或者说自己错误的决定，就失败。足够强大的人，失败对他来说是更好的发展。如果说他没有强大的心灵，那么对他来说是只能成功，不能失败。没有失败过的人绝对做不大企业，经历过失败的人才可以做大，因为他知道珍惜！对邱建明来说也是一样，因为这样风风雨雨走过来，也有失败的时候，失败了才知道怎么爬起来。邱建明认为失败不一定永远是失败，对创业的人来说一定要有失败，就是说你要准备好失败，要准备好下一站的起点。

从转手贸易到逐梦高端制造
——应沛亮的后向一体化之路①

许胜江

应沛亮于 1999 年考入宁波大学国际经济与贸易系，2003 年毕业。创业这件事，对他来说，有一定的内在因素，因为自己喜欢做生意；也有一定的偶然因素，因为他也是被推着走上自主创业的道路的。由于妈妈做服装生意，耳濡目染，应沛亮早早懂得了一些做生意的道理。2000 年以前，外贸还是一个比较新的行业，机遇不错。应沛亮大学毕业时，外贸整体形势发展迅速，呈爆发式增长。毕业后，他进入了一家私营企业，从事外贸业务。"应该说，我在那个时候选择了一个正确的行业。"应沛亮说，在大学毕业到自主创业之前的过程中，自己其实是被推着走的，那时候很多东西没有考虑到，也有一些阴差阳错的影响因素。在私营企业工作三年后，应沛亮开启了自主创业之路。如今，他是湖州东沛（DP）进出口有限公司和湖州鑫普（SIMPLE）机电科技股份有限公司的总经理，并在阿联酋和伊朗分别设立了 HOMEMATIC（Abu Dhabi）贸易有限公司和 HOMEMATIC（IRAN）贸易有限公司。他还是湖州荣达汽车配件有限公司和湖州微羽科技有限公司的合伙创办人。应沛亮从转手贸易开始，到如今逐梦高端制造，他丰富的创业经历和富有哲理的思考，提供了一个大众创业的学习案例。

---

① 本文根据对应沛亮的深度访谈和对湖州东沛（DP）进出口有限公司和湖州鑫普（SIMPLE）机电科技股份有限公司的现场调查所获得的系统资料撰写而成。第 1~3 部分记录了应沛亮创业学习的经历，第 4 部分展示了他创业学习的一些经验与启示。全部故事材料和思想观点由应沛亮亲述，或从公司调查中获得。原始话语记录及录音整理工作由 2015 级市场营销专业（专美合作项目）本科生许城和 2018 级工商管理专业本科生陈凯完成。作者在忠于应沛亮创业史实和话语原意的前提下进行写作，文稿经应沛亮本人审核后授权出版。

1 创办进出口贸易公司

1.1 辞职创业

大学毕业后，应沛亮进入了一家中等规模的私营企业。虽然与进入大公司的同学相比，他的工资收入比较差，但在这家私营企业，应沛亮一进去就担任外贸部经理，接触到整个工作流程，获得了全面操作的机会。"我进去之后，第一时间就进入了比较核心的管理层。回过头来想，还是比较感激的。"他从零开始，把公司的外贸业务建立起来。"那时候，公司95%以上的出口业务是我一个人做的。在常人眼里，我也算是一个金牌外贸业务员。"

私营企业的管理往往是老板或者总经理一个人拍板，缺乏完善的制度保障。因为公司没有兑现承诺的销售提成，加上一时的形势所迫，2006年11月，应沛亮注册了自己的外贸公司——湖州东沛进出口有限公司（以下简称"东沛进出口"或"东沛"）。2007年五六月，当自己的公司真正运作起来时，应沛亮离开了原来的公司。"在原来的公司，虽然提成没拿到，但很好地锻炼了自己。后来也算水到渠成，依靠个人的努力和当初自己摸索积累的一些在那个时候比较成功的做外贸的方式方法，例如，我那时候自己创立了用不同语言开拓不同国家市场的方法，比较顺利地创立了自己的进出口公司。"

东沛营业执照的经营范围是货物进出口和技术进出口，除法律规定的禁止项目以外，什么都可以做。初生牛犊不怕虎，应沛亮说："那时候心比较大，什么都想做。做过风力发电机、太阳能电池板。什么热门的，什么产品比较好的，就去做。"虽然取得了一些成功，积累了很多客户，但是，应沛亮认识到，"如果经销自己不专业的产品，只做中间的转手贸易，没有自己的团队在技术和质量上的支持，那对客户是不负责任的，或者说很难负起责任来"。

1.2 转向团队

东沛进出口创立之后，前期还算比较顺利。公司起点低，业务基数小，基本上以每年翻番的速度增长。但是由于缺乏管理团队的领导能力，仍然依靠个人的能力去发展，公司进展比较缓慢。2008年出现金融危机后，公司逐步遇到一些瓶颈问题。应沛亮通过反思，认识到，"企业如果要做得好，还是需要团队"。他及时调整了思路，把自身的角色从业务员转变成团队领导者，去用心建设自己的团队。

围绕团队建设，东沛进出口创建和发展自己的企业文化，确立了企业的核心价值观、处事原则与方法、目标和口号。"回过头来想，这几年当中最大的成功和收获，是不能用一个数值或金钱来衡量的。这几年中，我做得比较正确的一件事情，就是建设了一个自己的团队。现在即使我不在公司，他们一样能做得比较好。今天，公司成员都在为自己的前途工作，不是在为我工作。"

在创业的十几年中，应沛亮走了很多弯路，也摸索出了一些经验和方法。他说："自己单打独斗，花了十年时间，在团队建设方面取得的成绩，如果今天再从零开始，我可能只需要两年的时间。"

2015 年，东沛进出口在阿联酋迪拜成立了一个分公司，属于价值链的延伸。当时，应沛亮看到，工厂在加工端激烈竞争，互联网加剧了销售端的竞争。虽然工厂产品的价格一直在降，但终端客户却感觉产品价格一直在涨。他意识到，实际上是中间的经销商赚了大钱。因此，他想自己也把经销商这一块做起来。基于这种认识，东沛进出口在迪拜建立了中东地区的分销部，把团队建设延伸到国外。这是应沛亮经营思想上的又一个改变。经过几年的摸索，东沛进出口迪拜分公司的运行逐步走上了正轨。

1.3 建立核心价值观

应沛亮认为，如果一个企业，没有太多条条框框，但大家都在做自己应该做的事情，这种企业一定是很不错的；还有一种企业，条条框框很多，但没有人遵守，这种企业是没有希望的。"我外贸公司的团队成员确实做得非常好，他们哪怕中午一个小时出去或者怎么样，都会登记在那里。"他说，这里是靠文化管理的。企业文化的核心要素是员工共同遵循的核心价值观，它是团队的灵魂和凝聚力所在。应沛亮在东沛进出口建立的核心价值观包括：诚信为本；分享合作；效率优先；发展共赢。

应沛亮认为，小公司不可能有很多条条框框来规定你要怎么做，那样的话，内耗太多，很多东西要靠道德约束或者自己形成的惯例去操作。"我跟团队成员说，很多东西是要靠诚信去约束的。"如果诚信这个概念没有了，那么，公司的很多游戏规则就玩不下去了。"如果被我发现违反公司的核心价值观，做出一些出格的事情来，我是不会留情面的，这可能逼迫我采用更严厉的制度来约束员工的行为。"

刚建立外贸公司的时候，应沛亮追求绝对的公平，导致效率方面受到一些损失。一个非常好的大客户，可能被分配到一个能力很差的新人手里，导致丢失这个客户，或者把握不住这个机会。应沛亮有过一次深刻的教训：一个业内比较知名的大客户，他自己跟踪了很久，却一直没有跟东沛进出口做生意。有一次，对方发了一个邮件过来，正好导到一个新人手里。对方希望了解一些信息，说×月×日在香港有一个展会，你愿不愿意过来面谈一下？这个新人没有向应沛亮报告，说那个展会我们不参加，就把对方拒绝了。这个客户现在已经在跟东沛进出口合作。"后来是一次偶然的机会，这个客户跟我聊天说到了这个事情，说那时候曾经想放弃跟我们合作。如果这个邮件到了一个老业务员手里，他肯定会分析一下，可能会过来跟我讨论一下。那样的话，我肯定是不惜代价去香港跟他见面。"后来，应沛亮把原先的绝对公平原则，改成了效率优先、兼顾公平的原则。"我跟团队成员说，我们去国外参展的机会，公平的这一遍已经走完了，后续我只带那些在展会上表现比较好的人出去。"

应沛亮希望团队成员与自己共同发展，团队成员与公司一起成长。他说，自己希望能够在公司团队中营造一种气氛，让大家在工作的同时也感觉自己是在创业。"我跟他们讲，你们哪个业务员，自己觉得翅膀硬了，或者说自己的业务量能够支撑起一个团队了，我另外给你注册一个子公司，你做法人，除了财务控制权之外，公司交给你，收益共享。"

2 创办生产企业

2.1 源于展示目的的工厂

东沛进出口公司在2006~2008年出现了一些问题。中国加入世界贸易组织之后，外贸发展变化比较快，而国内的很多工厂和供应商还比较落后，一些基本理念没有完全建立起来。外贸公司倚重对客户的服务，工厂主要是满足客户在产品品质上的要求。很多客户到中国来，会要求去工厂看产品。加入世界贸易组织后，生产企业可以自己出口产品了。"我们那时候自己没有工厂，把客户带到工厂去之后，发生了一些工厂直接与我们争抢客户的事件。"由于没有自己的生产实体做支撑，应沛亮感觉到了潜在的危机。同时，金融危机导致生意下滑，价格竞争更加激烈。基于这些考虑，应沛亮认识到要建立自己的工厂和实体。2008年，即使在金融危机爆发的时候，应沛亮还是投资建立了自己的第一个工厂——湖州鑫普机电科技有限公司（现为湖州鑫普机电科技股份有限公司，以下简称"鑫普机电"或"鑫普"）。

在产品选择上，风力发电机、太阳能电池板等产品，那几年比较火，是政府鼓励发展的，鑫普机电也跟着做。今天，这些产品中的大部分，鑫普机电已经不生产了。"在前期，我相信很多创业者都可能会犯这样的错误。现在我们做的全部是自己专业的产品，不做代理产品，也不做不相关的产品。"

鑫普机电的产品最终锁定为电动门窗用的电机，这与应沛亮原来工作的企业有关系。那个企业做洗衣机电机，为日本的三洋和松下生产洗衣机电机，技术和实力不错。"当初我在选择产品的时候，最终保留的是电机这个大方向。因为我已经接触过三年，相对来说更专业一些。选择门窗电机是缘于其他一些偶然的机会。"在应沛亮即将离开原来工作的企业的时候，一家法国公司与其合作，准备开发这个产品。他从那时开始接触这方面的产品。

在办工厂的过程中，前期遇到了一些挫折和阻挠，组建团队和选择产品走了一些弯路。原来的上游企业，认为应沛亮办工厂对它们有威胁，通过一些手段进行打压。应沛亮还是走过来了。"第一选择非常重要，一定要做自己有兴趣爱好的东西，一定要做自己理想中的东西。能力这个东西是后期可以培养的，但你的思想和价值观是很难改变的。回过头看这十年，身边的人可能会想我过得蛮艰辛的，但我自己觉得没有那么辛苦。做自己喜欢的事，就不觉得太辛苦。"

2.2　重心转向工厂

鑫普机电的创立是被逼的。当初硬着头皮创办这个工厂，是供客户参观的。客户走了以后，东沛进出口还是去其他企业买产品。基于这种定位，应沛亮在工厂投入的精力和努力不多，错失了一些机会。"我大概是在2012年之后做了一个比较大的转变和调整。"

应沛亮自己是做销售出身，对市场上的竞争比较有自信，也有自己的一些行事方法。但在工厂这一端，特别是在质量把控和技术改造方面，是他的

"短板"。他去参加阿里巴巴十周年年会，发现包括天猫、淘宝在内，网络端的竞争太激烈，价格非常透明。如果客户不到工厂，根本不知道商家背后的生产和服务实力。在网上找一个美工就可以把图片处理得很好，一个小厂处理出来的图片可以比一个集团公司处理出来的还要好，而它的产品售价更低。

互联网使世界变得更小，更加透明。应沛亮认识到，今天这个社会，贸易端的竞争已经白热化，已经没有降价的空间，要拿到竞争对手的客户资料也很容易。"我想，在未来五年到十年，竞争可能会转移到生产端。以后大家的客户信息可以摊开来放在桌面上，我可以明确告诉你，这个客户今天在跟我做，但你就是抢不走。"所以，当大家都在激烈竞争贸易端或销售端的时候，这几年，应沛亮把战略重心转移到生产端，把心沉到工厂，打造鑫普机电的核心产品和核心能力。

3　走向高端制造企业

3.1　以产品为核心

2016年的迪拜之行，使应沛亮的思想发生了重要转折。自己公司的产品，在英国、意大利、法国等老牌欧洲国家卖，口碑还是不错的，但顶着中国制造的帽子，价格一直上不去。在迪拜成立分公司后，他有机会去当面拜访客户。有一个客户，用的是意大利的产品，实际上，那家公司只是贴了个牌，产品其实是鑫普机电在国内生产的。应沛亮去拜访这个客户，对方根本不相信，不愿意用中国的产品。"那时候我就在思考，为什么一个客户，他还没有使用你的产品，就已经在拒绝了？"

"迪拜的这个案例告诉我，除了人以外，产品在一个公司中是同等重要的另一个核心。"最近这三年，应沛亮把战略重心调整到工厂，站在用户体验的角度，把产品精细化，把产品功能升级。以前，应沛亮不重视产品和工程，虽然一年跑出去参展达到6次，花了大量费用，但客户积累还是很缓慢。产品不好，品质、价格和售后服务等很多东西竞争不过别人，今天拉进来的客户，明天就可能跑到竞争对手那边。"这属于一边蓄水，一边放水。所以说，我们一定要加大自己的研发和投入，做高端的产品。"

应沛亮原来也是一个响当当的销售员，很多人不知道他的思想发生了转变，认为他待在工厂里真是浪费了。但应沛亮三年前就看到，企业的竞争已经从外部转移到内部，工厂做不好产品，客户很快就会流失。"如果客户买了我们的产品，拿到市场上去推广，无论是产品的质量，还是售后服务，或者价格，能够让他赚到钱，这些客户你踢都踢不走。如果客户发现你的产品质量经常出问题，你的服务跟不上，你的价格也没有竞争力，你天天跪着求他，他也不会买你的产品。"他深有感触地说："我认为，这三年待在厂里是有价值的，至少我现在卖出去的产品不用一天到晚担心被投诉。现在我们的业务员也开心，只要等着订单来，不用为质量问题烦心。我觉得这步棋走得对。我对外讲，人才和产品两个都重要，真正在我心中，产品的分量超过了人才。"

在打造工厂和产品的过程中，应沛亮经历了许多困难。但是，作为私营企业的老板，他没有退路，必须坚持下去。应沛亮说："说句心里话，如果不是真心喜欢，我根本坚持不到今天。"努力终于使他慢慢地尝到了甜头。公司现在积累的是有忠诚度的客户，有质量的客户。现在，公司的一些产品有自己的专利，有利于避开竞争对手。对于自己投入研发的产品，客户对公司的依赖性也在逐步增加。应沛亮原来仅仅以人才为中心的发展观，现在转变为人才和产品双中心的发展观，而产品则是他内心认定的核心。

3.2 建立技术优势

如今，应沛亮的发展理念是：把核心的东西掌握在自己手里，自己研发，自己生产；把一些技术含量不高的东西，交给专业厂家去做。应沛亮在公司的墙上，贴着两句话：别人做得好的，我们DP① 就买；别人做不好的，我们SIMPLE② 就做。这个理念就是：让专业的人做专业的事，而鑫普要做业内最好的产品。"我们企业现在真正的优势在品牌和贸易方面（销售端），后面需要在技术端建立起优势。"鑫普机电现在重点抓核心产品的设计和生产，建立技术优势。与此相应的措施是，未来几年，要建设和完善自己的供应链体系。

应沛亮正在积极建立鑫普机电的技术优势，添加设备时主要考虑检测设备。"所有工厂帮我们做的铝合金、塑料件或者加工件，一定要符合我们的设

---

① DP 即东沛进出口。
② SIMPLE 即鑫普机电。

计要求。我们后续可能打造一个工厂，只做组装、测试和包装等几个事情，但有很强的技术把控。"这是应沛亮在 2012 年就形成的，对鑫普机电在一个时期内的发展规划。鑫普机电现在的核心部件是马达，这一块全程自己做，把齿轮箱和限位等全部外包。如果后续条件成熟，马达这一块也要外包，自己只专注于设计、标准和控制，保留产权、专利和市场。

单就产品而言，中置电机的产量、成本控制、品质和外观，鑫普都已经达到国内第一。发展的速度很快，现在年产值达到了 3000 万元，明年可能变成 5000 万元或者 8000 万元，那样的话，可能会有强劲的对手加入进来。应沛亮认识到这是不可避免的，他在为三年以后的竞争布局。"后面的发展要更加科技化和高端化。我已经留好退路，等到别人加进来，我又是一个新东西。我要做到一直被模仿，从未被超越。想守着自己的一亩三分田，是不可能的，得逼着自己往前走。"

3.3　质量控制

重心转到工厂后，应沛亮现在认同一个观点：质量是设计和生产出来的，不是检验出来的。在鑫普机电，有形的核心是马达，无形的核心是技术和质量控制。公司加强了研发投入和生产过程管控，使产品的返工率从 20% 下降到 1%。"但是，我们这次在意大利，跟一些大品牌交流的时候，觉得还有很多改善的空间。真正的大公司不是讲百分率的，它们讲 PPM。"

鑫普生产的门窗电机是非标准化产品，如果客户不是很专业，会让那些偷工减料的人占得先机和便宜，老老实实按要求做的人反而会吃亏，造成"劣币驱逐良币"的局面。对于产品质量，应沛亮有自己的认识："并不是说东西做得越好越成功，其实是越适合越成功。最佳性价比的东西，或者说最符合市场需求的东西，它的质量是最好的。"为什么卖保时捷的人在开桑塔纳，卖桑塔纳的人在开保时捷？因为卖桑塔纳的人赚得到钱，买得起保时捷，而卖保时捷的人可能卖掉得很少，只能开桑塔纳了。这是应沛亮喜欢的一个比喻。

应沛亮认识到："在生产上，最终必须有控制流程的标准，特别是在一些轴承孔和一些高精密的配件的压制过程中，如果疏忽了，会引起一些意想不到的问题。"鑫普的检测队伍原来是内部培养的，主要做来料入库检验和过程控制。现在，由于企业实力提高，可以向专业的生产商订货，淘汰了多数中间供应商，质量检验和控制更多地关注内部的生产和组装。虽然人员减少了，但是更加专业，质量总监来自大型制造企业。虽然目前的质量控制还不是很完善，鑫普机电正在按照高端制造企业的要求努力改进。

鑫普将供应商分为四类。A类供应商的产品抽检1~2件，B类供应商的产品抽检20%~30%，C类供应商的产品可能全检。如果因为某个供应商到货迟了或者货品有问题，致使其他供应商准时到达的货品等待加工或积压，鑫普会派技术人员，对这种D类供应商驻厂检验。

在鑫普机电的工厂里，能够看到产品出厂检验的整个控制流程。现在，公司主要抓两件事：一是核心部件（马达）的生产；二是组装、测验和包装。"厂里的设备，我倾向于要淘汰所有生产型的，只保留检测性设备。以后，高端的检测性设备我都亮绿灯，生产性设备全部亮红灯。我这个厂，生产这么多精密加工的东西，一个加工中心都没有，但给我做配套的厂家都是加工中心。"这是应沛亮追求的理想境界。

3.4　组织改善

应沛亮对鑫普机电寄予厚望，投入了大量的精力。为确保公司朝着高端制造企业的目标发展，他做了两项重要的组织改善。第一项，是组织架构的改善。公司年销售额达到1亿元，员工50多人，已经是一个小型企业，如何使管理更加规范呢？于是，他建立了独立的人事部和质检部。第二项，是所有权的变更。自己一手创办的公司，如何保证可持续发展呢？为此，他引入了股份制。

鑫普机电的组织架构，按照未来大公司运营的目标，已经初步建立，设有技术部、生产部、质检部和人事部。各部门人员配备到位，整个企业进入良性运作阶段。在鑫普机电这样规模的私营小企业中，一般没有专门的人事职能，更不用说设有独立的人事部门。应沛亮认为，鑫普机电设立专门的人事部门，来管理公司组织和人事，在长兴县是走在前面的。

质检职能独立于生产职能，质量总监直接对总经理负责，突出了质量的中心地位，强化了质检部门独立行使职能的权力。独立的质检部除了对材料和配件进行入库检验，对产品实施首检、尾检和过程中抽检外，还对入库的成品进行抽检。入库产品一旦被抽检出问题，将会追究到具体的工序、设备和人员。独立的质检部门确保质检的中立性和权威性，促进了生产者质量意识和责任心的提高。目前，公司产品的检验合格率达到99%，不合格率从以前的20%下降到1%。

在公司治理机制上，鑫普机电在2019年初开始引入股份制，并于当年7

月将原来的有限责任公司变更为股份有限公司。"整个工厂是我自己创立的，也算是家族企业。但厂里现在没有亲戚。生产总监、技术总监、质量总监这些人，怎么留住他们？怎样让他们跟企业一起发展？哪一天我退休了，这个企业怎样运营和发展？它肯定需要有一个游戏规则。我想到的游戏规则就是股份制这种形式。今后我们公司总监级的人，都有机会成为股东。员工在厂里，除了为今天的薪水工作以外，实际上也是在为自己的未来做打算。"应沛亮是有远见的，也是谨慎的。成为公司的股东，一般要求在公司工作三年以上，总监以上职务。目前，鑫普机电有四个股东。

3.5 当前的局限

鑫普机电在技术方面，还没达到全部自主研发的水平，其产品主要是由发达国家转移而来的。"庆幸的是我们的产品还处于这个转移过程的前段。"这种电动门窗的电机，中国厂家的产量占全球销量的30%左右，70%还是在法国、意大利和德国生产，但它们的产品价格比较高。这个产品真正的高端技术还掌握在欧洲的工厂手里，包括鑫普机电在内，中国同行基本上是以模仿为主。鑫普在模仿的基础上做了一些改进，申请了一些专利，然后打入欧美市场。虽然鑫普的产品没有多少高新尖端的技术，但它打入欧美市场后还没有以专利侵权为由被起诉。

鑫普机电的技术开发和设计力量较弱，人才缺乏。它生产的这类产品，还没有大到国家制定标准的程度，很难在学校里找到现成的技术和人才。这类电机是非标准化的产品，虽然不一定要多么高端的人才，但是，一个专业的工程师，不一定能够短时间内把它研究透。没有几年时间积累产品经验和对用户需求的深入理解，是很难有成果的。像这样的非标准化产品，工程师的起点一般都比较低，需要在这个行业里钻研多年，才具备研究开发能力。鑫普现在把控技术和质量的人，大多还是内部培养的，起点都不高。在外观设计方面，鑫普正在与意大利一家专业公司合作。

鑫普现在处于发展最关键的时期，资金周转率需要提升，要区分工人干的活是否在创造价值。非价值创造工序要控制和改善——"创造价值的工序，不是太笨的企业都会比较关注的"。流程要优化——"我现在新设计的车间，一条龙下来，没有回头路走的。那个老车间不行，不合理的工序设计导致很多无用功，浪费了时间，增加了成本"。

4 经验与启示

4.1 创业是一个学习过程

当被问到是否赞同创业是一个学习过程的观点时，应沛亮回答说，创业是一个非常好的学习过程，是各方面学习的积累过程。"我理解的创业学习，是边创业边学习，在创业的过程中不断地完善自己。"他说，在创业学习的过程中，自己在各个方面，无论是心智和心态方面，还是思考和语言表达等各种能力，都得到了提升。

创业过程中主要学习哪些东西呢？应沛亮说："从小学到大学，我们一直在学习。16年时间，我们在学什么？我今天回过头来想，其实学习的是一种方法。"他认为，16年中学到的知识很快会淘汰，或者说90%的知识在以后的工作中用不上，但是学到的方法，在学习过程中潜移默化形成的心智，是长期起作用的。"我自己在创业过程中，形成了很多方法。如果说在创业过程中主要学习哪些东西，我觉得主要学习的是学习方法。方法是可以通用的。"

应沛亮说，作为创业者的学习与作为在校学生的学习，最大的区别是：一个是主动学习，一个是被动学习。"大学里有设计好的课程，这个东西到底对你以后有多少帮助，其实你是不知道的，所以你被动学习，先拿过来再说。创业学习，你是带着自己的需求去学的，是主动学习，特别容易记住。"对于应沛亮来说，刚开始，驱动自己创业和支撑其走下去的唯一动力是生活压力和挣钱，"今天还像当初一样去努力的原因，是比以前更大的压力。"社会一直在改变，创业者、经营者自己的心态一直在改变，原来的老方法、旧的东西会过时，这个历程会越来越快。应沛亮也在不断地学习、改变和适应。

谈到创业失败经历对于创业学习的价值，应沛亮说，自己切身经历的创业失败的价值，是与企业的发展密切相关的。"失败本身，或者说发现问题或者解决问题，这个过程本身是一个进步。"刚创立鑫普机电的时候，他对工厂建设和运营方面的事情预先估计严重不足，经历了一些失败。产品是现成的，贸易已经做起来了，资金也不是太大的问题，"当初看了一下产品，预估了一下投入成本，感觉都是非常简单的。预估只要花80万元左右，就可以把这个产品做起来。"事实上,他完全低估了这个产品。例如,产品出口到英国,冬天温度很低,润滑油冻住了,电机启动不了。市场上有用于零下50~60℃的抗冻润滑油,鑫普用的是不抗冻的普通润滑油,这就出了大问题。中间还发生过几个客户投诉和退货的事件,都要花钱去解决。"我们当初考虑不到这种问题。这种都是经验的积累。"原来估计花80万元能完成这个产品的开发,实际上花了400万元。这样的案例不胜枚举。"今天让我重新开发一个新产品,绝对不会盲目地推向市场,不会在自己没有完全理解透彻的前提下就大规模地推向市场。"很多时候,觉得差不多了的时候,往往会出许多问题,甚至大问题。"我们要学习德国人那种工匠意识,做精益求精的东西。""通过这两个例子,再去体会失败是成功之母,就不会再停留在原来字面意思的理解上了。"

应沛亮认为,失败和成功,在创业过程中,是双胞胎兄弟。从人的本性来说,肯定希望成功越多越好,失败离我们越远越好。但是,这很难,失败基本上是不可避免的。"我们的齿轮箱是由四个齿轮组合在一起的,要让这个齿轮箱发挥它的作用,只有一个正确的尺寸。我们找到这个正确尺寸,让齿轮箱能很流畅地运转,是很多次的失败换来的。这个尺寸,不是在图纸上,或者三维图里设计出来的,是在不断的调整中摸索出来的。""失败跟成功相比,就我自己的创业过程来说,它们两个相当于不可或缺的一对兄弟。我走到今天,也分不清楚哪个更重要一些。从对我个人的鼓励来说,肯定是成功的案例作用更大一些。就一个人的学习过程来看,谈不上失败跟成功到底哪个对他的激励、帮助更大,就我个人来说,这两个的重要性差不多。"他说:"进步这个概念,我把它等于成不断发现问题、解决问题的过程,如果你连问题都发现不了,一直这样下去,根本谈不上进步。其实,每一次发现问题,就有一个进步正在出现。"有人说,如果你今天走路很轻松的话,要么是在走平路,要么是在走下坡路;如果最近这段时间你感觉到有点苦恼,有点压力了,千万不要担心,因为你在走上坡路。发现问题、解决问题,这个过程本身就是一个进步。"发现油在冰冻的地方被冻住了,我可能还会发散性地联想,中东这个地方特别热,会不会油到时候又融化了?"

4.2 团队建设最重要

人是决定一个企业发展的关键因素。应沛亮认为,创业过程中最重要的问题是团队和核心价值观的建设。无论是在外贸公司还是在生产工厂,应沛亮都把团队建设放在第一位;在外贸公司,他把市场管理放在第二位,而在工厂，他把质量管理放在第二位。一个人，即使能力很强，走得很快，但是走不了很远；一群人，可能走不了很快，但可以走得很远。这就是团队的力量。"从今天的认识看，自己创业以来，团队建设是最有价值的。"受地域限制，当初在建设团队的时候，以本地人为主。应沛亮说，湖州这个地方文化底蕴比较深，本地人生活一直比较安逸，人们比较讲究"体面"，要转变他们的观念非常缓慢。既然改变一个人的思想是极其困难的，那就寻找志同道合的人。但是，在长兴这个县域范围内，人才储备有限，选择余地小，外地人才又难以引入，这就制约了团队建设。从 2008 年开始，应沛亮就有意识地培养自己的团队，但到现在，东沛进出口的团队还只有 20 来个人。"这个速度是非常缓慢的。最困难的时候，我都没舍得砍掉一个人。只要他的理念和价值观与我走在一起的，哪怕能力欠缺一点，我一直耐着性子去培养。"

员工是企业的什么？员工是企业的财富，是企业的价值所在，也是企业发展的根本保障。应沛亮认为，员工"也是企业挥之不去，或者不可避免的成本"。东沛进出口公司成立之初，是靠应沛亮个人的能力支撑的。"这样做有好处，也有坏处。2006 年到 2008 年，这个团队没有做好，可能是因为我太懂业务。"业务员做得不合理的地方，或者他觉得可以改进的地方，自己忍不住会去插手，或者取而代之。最终，生意做下来了，员工没有成长。那时候公司里 90% 的产值，还是他一个人在做。"我开始思考，这样发展下去，我 24 小时不睡觉，这个企业也发展不到 500 万美元的销售额。"于是应沛亮开始学习和探讨管理问题。

2008 年之后，应沛亮开始逐步放手。"业务员操作的时候，我强制自己忍住，不去插手，除非这个错误带来的损害是致命的。"这样培养起来的人，知道在什么权限范围内可以自己拍板。"后来我制定了公司里处事的三得利原则：如果你的决定对公司的客户、员工和公司自身三方都有益，或者三方都没有受害，这个决定你就去做；如果不是三方都受益，有一方或两方受损，这种决策必须经过同事商讨，并请求上级后才能做。"这样，公司慢慢形成了核心价值观，以及判断和决策的原则与方法，给出员工根据自己的判断做出决策的权限范围。后来，公司走得就比较顺畅了。"我觉得团队建设是一个企业最重要的事情。"

应沛亮认为自己在销售端，包括销售人才培养方面，还是有一些有效的做法的。"一般的人到我们公司来，都是能留得住的。"虽然培养这个团队的积累过程有点慢，但是淘汰的速度更慢，很少有离开的。

4.3 管理需要权变

应沛亮从自己的实践中领悟出很多东西，例如，管理方法和措施要视情境而定。有时候，同样一个方法，面对不同的群体，就不一定适用。他认为，一个企业，初级阶段靠制度管理，后期靠文化管理。

应沛亮原来的主要精力在东沛进出口。东沛进出口的团队建立后，他把主要精力投入到鑫普机电，而这里正处于东沛进出口建立团队之前的状态。东沛进出口建立早，员工受教育程度比较高，体系完善起来比较快。而鑫普机电的人员素质参差不齐，技术要求高，协作关系紧密，团队建设的方式方法与东沛进出口不一样。在鑫普机电的管理上，应沛亮走过弯路。起初，他引用东沛进出口的管理模式，吃了很多苦头。"那边的情境还需要用制度管理，用文化去管理不行。"当然，鑫普机电的管理也在改善，顶着干和背后偷懒的情况，现在基本上没有了。

在东沛进出口，应沛亮没有制定太多条条框框的制度，没有严格的考勤措施，大家都能很好地自律，尽职做好公司的工作。暑假有双休，员工轮流休暑假，每天上班7小时。这里主要实施文化管理。而在鑫普机电，由于一方面实施流水作业，岗位之间关联度大，另一方面产品生产各环节有严格的技术要求，再加上人员素质差异较大，因此，制定了较为全面的规章制度。这里实施制度化管理。应沛亮说："我经常要在东沛和鑫普分别扮演两种不同角色。他们说，应总，你在外贸公司的时候很和蔼可亲的，怎么到厂里就变成一个'暴君'了。"

这种差异也反映在员工的价值观上。应沛亮以前在东沛进出口成立了一个类似于基金性质的公众账户。有人犯错，处罚的钱储存到这个账户里，公司每年也根据效益情况往里面充钱。这部分资金用于员工的旅游。后来他建议从这个基金里抽出一部分资金做一些慈善，比如去贵州、云南资助一些困难学生。大家都能接受，而且能够运作得很好，员工内心也感到自我价值的体现。但当他在鑫普机电提议设立一个类似的基金时，响应的人不多。

4.4 给初创业者的建议

4.4.1 创业前的准备

在心理上，要做好受苦、受折磨和遭遇困难的充分准备。创业很简单，但创新很难。"现在创业门槛很低，政府做了很大的改革，帮助年轻人去创业，这种环境在十年、二十年以前是不敢想象的。但是在创业过程中要有自己的创新，有与众不同的思维和想法，有跟其他人不一样的玩法，就不容易了。"没有创新的创业活动，注定是困难重重，难以成功的。无论创业还是创新，困难、挫折和失败是不可避免的，"不要凭一时冲动或赶时髦，一心想着轻易成功的美好结局去创业。"

作为创业者，一定要弄清楚自己最有优势的资本是什么。创业前要评估自己选择的项目和自己做好这个项目的优势，不要轻听别人的意见盲目地创业。做出一个好的选择，只能通过自己的思维或判断。对于年轻人选择创业，应沛亮说："希望他们能够做一些调研和准备，至少自己在做的这个方向，要对自身能不能符合这个方向的要求，做一个自我评估。"但是，每个人的思维和判断是建立在自己的认识局限内的，"我们只能在自己的认知范围内，自己的风险承受范围之内，做出自己认为最正确的选择，能不能成功要看今后的走向"。

应沛亮说，一种人在创业前就做了深入调研，或者已经在做自己有兴趣爱好，与自己发展相匹配的项目了，他们往往会走逐步完善的道路，不会轻易改变。另一种人，事先没有做充分的调研，别人说好他就上，上了之后发现根本不是他想象的这么回事，很容易半途而废。"当然，大学刚毕业的人，有什么大胆的想法，我还是鼓励他们勇敢地跨出去，不要犹豫。因为这个时候还不知道自己的专业方向在哪里，要不断地去做尝试，涉猎面广一点。人在30岁以后一定要有自己深思熟虑的想法和目标，选择一个方向深入地研究下去。"

4.4.2 项目选择与团队组建

创业首先要选好项目。项目选错了，人的能力再强，也会被限制甚至失败。"人们对哪个行业抱怨最大，那个地方机会就最大。要选择对整个大局比较有方向引导性的项目。"应沛亮认为，如果能够把市场细分，在最细分的市场中找到自己的优势点，是最挣钱的。他说，在一个很大的服装卖场中，95%以上都是卖服装的，只有两家卖纽扣的，这两家最赚钱。因为一件衣服80元批发来，卖100元，赚20元；纽扣1分钱批发来，卖1毛钱，它的利润是900%，你还不好还价。那个衣服卖100元，顾客还价到80元是很多的。所以，创业者选择项目，先要把握好大方向，然后从中选择产品。

项目选好后，就要搭建团队了。应沛亮说："一定要选择对这个项目本身有兴趣的人，一定要搭建与自己志同道合而且适合自己发展的团队。建立团队，先要建立目标，把它植入成员的心智。每个人都是人才，如果把他放错位置，他也痛苦我也痛苦。如果目标是上树，就应该找猴子来，而不是激励母猪。"他认为团队要有明确的分工，公司的组织构架是非常关键的。团队建设的关键是核心价值观的形成和践行，而核心价值观正是公司文化的内核。"公司的组织文化，如果你只想把公司打造成一个能赚钱的企业，不需要去考虑这些东西。但如果你想把这个公司打造成一个百年企业，或者说一个非常有生命力或者留下一些声誉的企业，企业文化是必须建立的。"

创业团队必须明确宗旨、价值和目标。在创业的过程中，应沛亮越来越感觉到，无论是企业还是个人，明确宗旨和价值体系，设立长远的目标和发展计划，是非常重要的。"我创业初期的一些困难和挫折，或者说一些弯路，其实都是没有在当初设立自己的目标或计划造成的。所以，我一定要建立一个创业团队，一定要建立无论遇到多少困难都不能改变的目标和原则。我们公司现在形成的核心价值，是要为之去奋斗，去创造的。""我现在对任何一家初创型企业，强烈建议它们问清楚自己的理想、核心价值和目标在哪里。"

4.4.3 产品开发与推广

说到产品开发与推广，应沛亮说，首先要把产品定位好，研发出来的产品一定要满足前期的定位。对于工业企业来说，要在产品设计的初级阶段弄清楚核心的部件和价值，确定关键的尺寸和控制误差的方法与设备。在把产品大批量推向市场之前，必须找几个可靠的客户帮助做现场测试，根据反馈的意见改进和完善产品，建立自己的质量控制体系。"我们在创业初期走了很多弯路，产品没有成熟就推向市场了，那时候客户抱怨很大。以后不会这么干了。"

至于产品的市场推广，应沛亮认为："高端的产品一定要用高端的手段来推销，否则就是自掉身价""品牌建设其实就是一个心智的概念。为什么你出门要坐波音和空客的飞机呢？其实，潜移默化中，它们已经把品牌植入你的观念中了。"这就是品牌建设的力量。但做品牌不是一蹴而就的，"未来的十年中，我要去突破这个瓶颈"。

曲折的独立衍生创业

——丁震华与老雇主的合作关系[①]

孔小磊

丁震华出生于1977年，年轻的时候进入机械厂学艺，勤奋好学并获得湖州市技能大赛一等奖，被提拔为车间主任后，受原公司老板器重，委以重任。在晋升过程中，不断地参加培训和到大学学习，掌握生产管理、研发管理和厂区新建等技能。在成长的过程中与原来的老板建立了深厚的友谊和信任。

2009年，丁震华脱离原公司创业后，最初从事叉车售后业务，和很多新旧企业之间关系一样剑拔弩张。在其个人努力与诚信的基础上，双方化干戈为玉帛，从为原企业解决核心部件，接收了原公司剥离的子公司，发展到为原企业做专一配套。两家公司不仅分享技术，而且也进行新业务的共同开拓开展。依托于诺力的上市与海外发展，丁震华的业务也不断创新做差异化，放眼全球，发展壮大。

丁震华基于在老企业积累的能力与关系，开始相关的创业。与一般情况既存在相似情况，即初期紧张，也存在不同的发展方向，即从紧张到缓和，再到进一步的紧密合作，这离不开的精益求精的质量要求、客户服务质量的意识，以及商业诚信。

---

① 本文根据对丁震华的深度访谈和对他所创办的公司的现场调查所获得的系统资料撰写而成。第1~4部分记录了丁震华创业学习的经历，第5部分展示了他创业学习的一些经验与启示。全部故事材料和思想观点由丁震华亲述，或从公司调查中获得。前期调查由许胜江组织实施，原始话语记录及录音整理工作由2015级市场营销专业本科生刘梦杰完成，相应故事素材由许胜江提取。后期调查由孔小磊实施。作者在忠于丁震华创业史实和话语原意的前提下进行写作，文稿经丁震华本人审核后授权出版。

1 前期积累

1.1 技能积累

丁震华小时候家庭条件较差，边读书边贩卖些小商品，用来补贴家用。1996 年，20 岁的他辍学到国营长兴煤炭机械厂①做临时工。进厂后，厂长问他是学习手工画图还是学技术当钳工，当时丁震华想学一门手艺，所以他就决定去车间学手艺。

丁震华有个很好的师傅，教了几个月以后，丁震华就可以独立手工画草图和做车间里所有的工作了。他只要拿到样品或者图纸，就能把产品的工艺完整地做出来。工作三年后，丁震华报名参加湖州市举行技能大赛，等了一个多月，直到考试那天早晨才拿到考试资料，匆忙地看了下考试资料就去参加考试，最终理论考试和操作考试总分湖州市第一名。技能比赛后，丁震华的技术能力也得到厂长的认可，当年年底，23 岁的丁震华被提拔为车间主任。

在做车间主任期间，除了基本的车间内部管理之外，丁震华还得与公司高层管理人员和外聘的技术部的经理进行沟通。其中部分技术专家来自大学和研究机构，使丁震华可以进一步获取外部得知识。在日常管理中，丁震华与管理层沟通协调，学习公司管理知识，通过与外部专家的互动，了解新的产品开发理念和新的技术信息。工作四年后，丁震华已经可以洞悉市场机会、把握新产品的趋势、超前或同步研发，这为丁震华的后期创业奠定了坚实基础。例如现在佰菲特机械的产品，以及仓储液压搬运设备的核心部件，都是源自丁震华敏锐的市场嗅觉和对技术趋势的把握。

2000 年，长兴煤炭机械厂改制成为一家民营企业，更名为长兴诺力机械有限公司（以下简称"诺力"）。诺力总裁更加注重丁震华的学习与成长，派他到高校学习和培训。在外培训学习后，丁震华的技术基础更加扎实，了解了很多技术前沿信息，自身科研实力不断增加，并能将这些技术和市场知识运用到企业的生产研发之中。丁震华在企业逐渐负责企业新产品研发，以

---

① 长兴煤炭机械厂是一家没有改制的企业，现在诺力股份有限公司，是长兴县第一家 A 股上市企业。

及配套模具夹具的开发。

1.2 管理能力积累

随着诺力的发展，生产规模和销售额日益增加，丁震华升至生产部总监助理，协助生产总监分管精益生产等项目。在担任生产总监助理几年期间，他十分重视质量管理，企业产品质量稳步提升。"要像自己的孩子一样，去呵护每一件产品，将交代的事情做得完美"。生产总监助理的日常事务比当车间主任时要多得多，丁震华在处理事务的过程中积累了企业高层管理经验。

随着诺力的不断扩张，2008~2009年公司开始投资建设新厂区。公司总裁出于对丁震华能力与经验的信任，将新厂区所有建设事务全部交给他一个人负责，包括项目规划、建设厂房、车间布局、设备采购和新艺设计等。新厂区建设任务繁杂便成立了筹建项目小组，项目小组组员大多是改制后的股东，项目小组协调和推进各方面的工作。在建设新厂房的过程中，通过处理各种繁杂的事务，丁震华积累了新（企业）厂区开设的知识。诺力的供应商如有新厂区建设、购买设备、生产线布局等问题时，也会和丁震华交流。在此期间，丁震华与各个供应商建立了良好的关系。

诺力的规模日益扩大，职工人数和部门数增加很快，企业内部管理机构和层级日益复杂，企业管理制度日益健全。但同时，精益生产项目和三期项目的推进不是很顺利，没有达到预期目标。这一切使丁震华难以适应，思考再三后，他决定自己创业。

2 初期艰难

2009年，丁震华很想试试自己创业。创业的一个个问题却摆在自己的面前，需要一个个去解决。选择"做什么"至关重要，丁震华想，能否成立一家小公司做诺力叉车的售后服务。然而，叉车到底哪些配件是易损件，正常更换周期等基本信息，他却不是很清楚。于是抱着一种试试看的态度，丁震华跟一些之前的同事谈谈。在农家乐里，丁震华告诉好友，自己离职了，要创业。好友问："不想干那你想弄什么?"丁震华说，在公司里做了这么久，肯定要选择自己的老本行，做自己熟悉的行业，不可能跨行业去做。然而做产品需要巨额资金和配套的社会资源。好友对于叉车配件很了解，一起分析之后，认为叉车易损件的国内市场需求比较大。与一般家用汽车相似，叉车在国内外市场都需要售后服务，很多易损件需要很多日常维护。在与好友认真分析后，丁震华决定做叉车的配件和售后。

2009 年 8 月，丁震华和妻子注册了湖州睿哲机械零部件责任有限公司（以下简称"睿哲"），公司成立之初，主要负责叉车的售后服务。在售后方面就与诺力形成竞争，诺力卖整机，睿哲卖配件和提供售后。

2.1 业务重合

当原公司的老总发现丁震华想创业时，找他谈了很久，年薪从 10 万元加到 20 万元，一再要求他在原公司继续做，但丁震华还是坚持出来做了。公司成立初期，原公司的供应商、员工减少了与丁震华的合作，企业生存困难。公司注册 1 个月以后，原公司老板又提出让丁震华返回原来公司，几次谈下来，丁震华还是决定做售后服务生意。

很多供应商考虑到和诺力的合作关系，停止与睿哲的业务往来，没有零部件也就难以进行售后服务。从 2009 年 12 月，到 2010 年 1 月这段时间，丁震华公司基本上没有订单。尽管如此，丁震华仍一直与原公司的老板保持较好的个人关系。

2.2 举步维艰

为了把公司继续开下去，丁震华夫妻二人在自家车库里做业务，开着车带着笔记本电脑出去跑销售。丁震华利用之前在原公司与供应商的私人关系，私底下向供应商买一点零配件，做叉车售后。临近 2010 年春节，丁震华接到了第一个大订单，金额有 8000 多元。丁震华说，第一次接这么大的订单，那时候很开心。第一笔订单之后，丁震华夫妻二人开始加强销售管理，主动给客户发邮件报价做推销，企业业绩开始回暖。

小公司简单的售后服务相较大公司的流程更加灵活。保修期内的零件损坏时，客户需要联系经销商，经销商根据产品编号向生产商提交申请，大公司内部需要逐个部门申请，质检部经过两三天检测，确认设计上有问题后，再经过财务和售后签字后，才能发到客户那里。这个配件即便成本只有 20元，却能影响客户 10 天、20 天不能工作。丁震华说，要理解客户是等不起的，所以作为小型售后服务公司，服务响应一定要快，东西必须先发过去，内部流程可以事后再补。即使下班了，员工也会通过快递公司把客户需要的发出去。客户收到你的配件，满意度也就上升了，愿意与你保持生意上的往来。

2010 年 6 月，睿哲的配件服务业务已经比较稳定了。良好的售后服务意识带来了源源不断的订单，半年时间睿哲达到几十万产值。同时，睿哲的售后日益得到用户的认可，良好的配件质量和服务意识，使睿哲在积累了良好的口碑的同时，也有了一定的知名度，如经常会有送货的驾驶员为采购介绍一些新单位。售后服务刚开始利润特别高，但随着新入的公司越来越多，配件价格越来越透明了，利润逐渐下降。

2.3　谋求出路

丁震华觉得在原公司上班的时候，诺力公司的老总一直很照顾他，为了避免直接竞争，双方开始沟通并达成初步一致，即只能保持现有的国内市场，国外市场绝对不能碰。尽管国内市场比国外市场体量小，售后利润也要低一些，但对于丁震华来说，这样也放下心中的石头，可以有条不紊地开展工作。

在此基础上，睿哲和诺力进一步紧密合作，诺力的经销商和售后服务部也会向睿哲临时借用配件，经销商或直接要求睿哲帮忙发配件。

在创业过程中，丁震华公司的售后业务与原公司有重叠，原公司视之为竞争，丁震华和原公司老板的关系一度降到冰点。丁震华通过客户影响与服务质量赢得市场认可，并主动与原公司老板沟通和解，避免直接竞争。此后两人关系也恢复到从前，随着售后服务企业的增加，两家公司开始转向合作。

3　合作发展

3.1　部件供货

随着诺力的转型升级，开始放弃一些低附加值部件的生产。丁震华说："诺力的油泵做得很好，它现在自己不做，不是因为自己做不好，而是因为管理成本太高，铸造件不做了。"然而关键部件的稳定供应会影响到产品的生产与质量，如叉车日常易损件中有一个铸钢零件很紧缺，具有一定的技术难度。而这个铸钢件只有一家供应商，价格高且质量不够稳定。

为了解决这个问题，丁震华与原老板商量，并提出"我来做这个铸钢件"的想法。这样一方面可以解决自己的供货问题，另一方面，可以将铸钢件出售给诺力，降低诺力的成本保障其供货稳定，对于双方都有利。原公司老板说，"可以啊，你马上去买土地，建厂房，你自己去干"，并且为丁震华介绍投资人，"要不这样，你能够把这个东西做好的话，我给你介绍两个朋友"。

2010年6月，丁震华发起投资建设机械有限公司，计划投资1000万元。然而，丁震华从诺力出来的时候家里没有积蓄，拿不出250万元，丁震华就把家里的房子抵押贷款了30万元。投资人出于对丁震华技术的认可，说"只要拿出150万元，还有10个点算你干股"。最终，投资人出资850万元，成立了公司长兴金诺机械有限公司（以下简称"金诺机械"），丁震华任金诺机械的总经理，并着手在泗安买土地、建厂房。通过一年半的技术攻关，终于解决这一核心部件的技术问题。2011年4月，金诺机械开始试营业，7月开始给诺力供货，8月正式给诺力送货，当年产值达到100万元。

金诺机械是一家位于泗安的铸件公司，除了主要技术人员，一线浇筑工人的文化水平较低。为了保持生产稳定，一方面要提高对主要技术人员的激励，另一方面需要及时处理破坏生产设备的工人。对于高技术人员，金诺采取"工资+奖金+车间独立核算+股份分红"的策略。除了一般的工资和奖金外，可以让高技术人员"承包"一个铸造车间，这一铸造车间的销售减去成本的利润全归该技术人员，从而提升技术人员的积极性，也能够提高产成品率，降低整个公司的成本。这样下来，该技术人员的年薪约30万元。对于破坏生产设备的工人，丁震华也进行了处理。曾经，一位工人用水浇淋配电箱（根本不考虑触电的危险），而一线管理人员尽管知道是谁却因当地关系不敢直说，最终直接报告到丁震华这里，丁震华指示金诺机械的管理人员立即报警解决。最终，通过公安部门的协调，金诺机械顺利地辞退了这一员工，从而维护了生产经营的稳定。

金诺机械成立初期，产品在质量上和别的大供应商比肯定是有差距的。例如铸造件，诺力不止一家供应商，丁震华说："其中有两家供应商是确实不错的，他们价格10块钱一公斤，如果我的价格是9块钱一公斤，就具有竞争力。诺力第一我们的产品符合它的技术要求，第二个就是价格要低。按照设想去做这个事情，只要价格低、质量好，客户肯定会接受。"随后，丁震华不断加强质量管理，金诺机械的铸件清洁度与质量均得到较大提升。

2011~2013 年，金诺机械面临的最大的问题，是产品已经做得很好，但是诺力大部分的铸钢件改成了铸铁件，但由于属于金诺机械高能耗行业，公司设备不能新增、工艺不能技改和扩产。于是公司发展受阻，一度陷入困境。

丁震华说，创业初期，资金上其实是最大的困难。"以前在诺力的时候也交了几个朋友，包括其他外面几个朋友都很支持我。这几年，慢慢做大了，如果资金上有一些小问题，这些朋友们会全力支持的。"

3.2 专一配套

2013 年，丁震华注册成立了长兴聚力机械有限公司（后来更名为长兴佰菲特机械有限公司），并于当年 7 月正式投产。把泗安的毛坯件拿到长兴来精加工、组装、焊接、镀锌、表面喷塑，变成一个成品。这家公司目前运行正常，每月有五六百万元的产值。这些零件和部件的外观由诺力设计，产品内部结构是自己公司设计的。当时本打算一天做 100 个油泵，但做到年底，平均每个月只做了 2000 多个油泵。2014 年春节过后订单开始增多了，2014 年 4 月搬了个地方，一天做 200 多个。现在我们一天做 1100 个，每个 200 多元卖给诺力，百分之几的利润。这个产量，泗安的工厂产能不足，那里生产 40%，60% 在外面采购。做铸造件能耗比较高，全部在外面采购，核心的工艺（加工精度和装配工艺）还是自己做。

金诺机械在泗安做的是油泵，佰菲特公司把产品优化了，这样做的优势在于，能够把铸造件的成本降得很低。单做油泵，佰菲特的产量在国内细分行业已经最大，每天可生产 1000 多个油泵。油泵从每天 100 个到 1500 个，产量一直在上升，按照这个量，一天的产值可达到三十几万元。

佰菲特公司注重相关技术的研发，获得了十几项外观设计专利和实用新型专利授权。丁震华说，诺力在这个行业里质量是最好的，给它供货，其他企业就会来找你供货，不然它就自己做（模仿），好多企业在模仿佰菲特的产品。大公司不是没有这个技术实力，它们不做是因为看不上一年几千万、一个亿的产值；小公司是不规范，急于求成，想通过降低成本占领市场，产品质量很差。而佰菲特正好在中间，所有的渠道都按上市公司的要求，采购品质有保证，价格相对较高。丁震华说，模仿我们的厂家比较急于求成，采购那些质量比较差、报价较低的零件，想一下子把我们挤掉。但诺力现在坚持由我们供货，因为我们的产品质量比较稳定，交货时间等各方面都能遵守它的约定，诺力也会给我们合理的利润。目前，佰菲特的发展很稳定。

3.3 协调问题

国内大部分的整机厂家核心部件还是国外进口，诺力的老板提出要丁震华回来协助开发并给他一定的股份。处理好日常问题后，两家企业进一步加强合作。两家公司在采购、销售、技术、服务、人才引进等方面进行了共享，诺力也在财务和管理上对丁震华的公司进行了支持。很多新产品的打样和试制，小批量都放给丁震华做。

2019 年，丁震华到长兴经济开发区买了一块地，建设了一个新的厂房，用于扩大生产规模，改善办公条件，按照 5S 和生产重新布局车间。厂房于 2020 年 7 月投产，预计达产后销售收入 2 亿元左右。

4 挑战与机遇

4.1 面临挑战

第一，中小企业的管理问题。中小企业管理难度比较大。中小企业里，一人需要身兼多职，就像一个综合部门，财务、采购、销售可能都由一个人兼任。随着企业规模的扩大，像会计、仓管等部门，包括常务副总、车间主任，要根据企业的大小、规模，以及企业的性质，如贸易型、生产型，对企业进行管理一样的。丁震华说，目前企业规模小，很多事情要亲力亲为，但企业后劲十足。

第二，财务相关问题。丁震华说，他并不经常去睿哲，因为这几年好多企业在倒闭，所以他最关心的一个问题是有没有新的经销商，另一个问题是账好不好收，是哪几家单位不好收。不好收账的单位，如果是丁震华之前接触过的，他就跟他们沟通一下到底什么情况。另外，丁震华还会和他们沟通一下公司是不是有什么地方没做到位的，对方可能会再提出一些意见和建议。丁震华认为，检查有没有死账，有没有哪家单位的钱越来越难拿，如果是老客户但是钱越来越难拿，可能一个是对我们不满意，另外一个可能他自己的经营状况有问题。

第三，人力资源管理问题。目前，企业没有人力资源部门，就是丁震华自己在管。包括车间主任，但丁震华也认识到，慢慢地也要招这样的人，像猎头公司一样，去跟他们沟通、合作，包括和同行业的去交流。丁震华说："我们现在面临最大的问题是什么呢，泗安这个工厂，找不到好的人，好的管理人员、技术人员等。也没有人力资源经理啊，我想找一个职业经理人，然后把泗安那块全部托给他管。"

此外，员工培训难以与时俱进。睿哲的主要业务是为诺力一对一地配套服务，不需要做大规模的市场推广，但仍需要与诺力一道，更新产品的信息，改进工艺，提升售后。内部员工培训过程中，丁震华对销售讲，客户是不是对我的产品有抱怨？有什么想法？推广的过程中，刚开始你肯定不会考虑这个，我们现在慢慢做成熟了之后，你想稳定客户，你就要去调查一下。"我们现在就像帮诺力做售后服务一样，他们的产品更新换代很快，经常会有新产品出来，但新产品上的易损件我们还没做好准备，我也会去跟他们沟通，所以做推广的过程中，信息和渠道也很关键。"

第四，研发团队建设困难。在降低成本方面，价格是关键，而且需要在价格基础上有技术优势，之后才能谈其他方面的优势。丁震华说，在市场上推的零件都需要结合降低成本去，就是在工艺上怎么去优化，把成本降下来，这是放在第一位的。另外，在所有的结构上，工艺的优化、加工的过程创新，可能是改变加工工艺、产品的结构，都是为了降成本。在研发方面，丁震华想组建一个新的技术团队，他也跟浙江大学、浙江大学的老师联系过，愿意签长期服务协议，从而打造一支能创新、会吃苦、讲团队的研发队伍。

4.2　新的合作

随着新厂房的建成使用，佰菲特新增设备，提高生产规模，未来的发展方向成为关键。丁震华有以下三点想法：

第一，探索新的合作方式。从2013年创办佰菲特起，经过两三年，公司已经有了一定的资本积累。丁震华说，他一直想自己做一点产品，接下来会合作研发差异化的特殊电动系列的整机、核心部件和经济款的电动整车。

第二，开发专用设备，提高效率。很多工厂是用通用加工中心加工零件，丁震华认为这其实这是不妥的，因为加工中心通用性强，刀具成本高，设备造价高，折旧这块分摊到每个零件上成本就上去了，不适合做批量的零件。今后全部做流水线、做专机，提高效率。丁震华说："换了自动化程度比较高且能够保证精度的设备后成本还是会上去，但管理会好一点，现在靠人工去操作的设备，暂时这几年还可以做做，以后可能就不行了，像这种专用设备，你只要这几个按钮会按就好了，有一定的技术性。完全靠工人做去保证质量肯定会改变，设备能保证零件的一致性和提高合格率。"

第三，国际化方面。随着国内人工成本的上升，以及国际贸易中对于中国产的产品的关税和其他附加要求的增加，丁震华考虑将工厂转移到周边国家，这样可以有效降低生产成本，减少欧盟、美国的关税压力。然而，丁震华也明白，进行国际化布局，需要考虑很多法律、环保、劳工、文化等因素。

5 经验与启示

5.1 专注一行

丁震华在叉车行业积累了人脉资源、技术能力和管理经验。丁震华认为，在创业的过程中，选择自己的"老本行"风险较小，可以运用已有的行业资源，迅速地拓展市场。"我对这个行业太熟悉了，包括我的人脉资源好像都是水到渠成的，好像到了这个点，不去做这个事情好像可惜了。叉车行业也比较特殊，而且做的人又少。要整合资源，以后跟人家合作，可能找一些技术力量的团队，包括销售的团队，做一些产品的研发。创业过程中要不断地围绕原来的行业，进行前向一体化和后向一体化，拓展业务。"

创业公司名称

成立时间	公司名称	主营业务
2009 年 8 月	湖州睿哲机械零部件有限公司	五金机械零部件、装卸货物用机械、叉车、电子秤、货架销售
2010 年 10 月	长兴金诺机械有限公司	仓储机械配件加工、销售；货物进出口、技术进出口
2015 年 4 月	长兴聚力机械有限公司	液压搬运机械、通用机械零部件加工、销售
2016 年 8 月	长兴佰菲特机械有限公司	液压搬运机械、通用机械零部件加工、销售，货物进出口、技术进出口

5.2 合作共赢

丁震华认为，大企业的质量管理一般是比较规范的，所有入库的零件都要做测试、生产装备、流程管理和品控体系标准化，所以产品质量有保障。另外，丁震华的公司没有检测设备，诺力有所有的检测设备，诺力的质量控制体系比较好，所以丁震华的公司依靠诺力去采购。

现在丁震华的企业和诺力在质量检测、技术人员分享方面密切合作。如果质量有什么问题，诺力会出报告，并给予质量指导。丁震华说："产品出来以后，做测试全部由我们自己做，发货之前，诺力会过来抽检，这个检查只是看看表面质量，真正的测试是放在整机上，每台都要测试。比如油泵全部打一遍，然后按照起升的重量全部打到34、35兆帕，打好以后看它的回沉、自降，反正所有的毛病全部看一遍，像有没有漏油，再把油泵擦干净；擦干净以后，油缸挂在那里，静置在那里24个小时。有3台测试仪器，包括擦油泵表面、调压力等。"

5.3 诚信立业

首先，质量管理对于创业企业很重要。丁震华说，叉车核心配件的质量决定了产品成品的质量，叉车油泵是不允许有半点瑕疵的，现在油泵60%出口到马来西亚，从马来西亚再到欧洲，有一点点小问题油泵都基本上算报废。其次，对供应商的质量的监督与高要求。诺力和佰菲特目前有上千家供应商，需要保证供应配件的质量，从而保证组装品的质量要求。最后，及时响应售后。这是从第一叉车配件企业的发展得出的经验，只有及时响应客户的需求，减少设备易耗件给客户带来的损失，才能留住客户。

丁震华认为，在创业过程中，主要是诚信做人。丁震华以前在大企业工作时，与领导、员工沟通起来都比较方便，现在自己创业了，与下属也很容易沟通。在不同的人身上也学到了不少东西，员工对于企业更加忠诚，更加乐于奉献和组织公民行为。员工为这个团队付出，作为创业者要更努力地为他们，改善工作环境、提高待遇。创业者与员工相互信任，能够提升企业的绩效、员工满意度。企业之间相互信任，可以更加容易地合作，共同发展。

与机会同行

——李本松的连续创业历程[①]

许胜江

　　李本松从幼儿园开始就在当小学校长的父亲的羽翼下学习和生活。他未到入园年龄进了幼儿园，未到入学年龄又进了小学。父母一直把他当小孩子看。进大学后，父母对他没有过多要求：专业一定要学好；假期回家去，写写毛笔字，读一些书。但李本松在读高中时对这种想法已经很排斥。高考分数一般，进了中国计量学院的三本。父母和舅舅送他去大学报到那天，"下车之后步伐很轻快，感觉从父母的约束下走出来了，像一只小鸟从笼子里飞出来一样"。但他想的并不是：这下可以玩了，上大学之前没有玩过的游戏要好好玩一下。李本松说："我没有这种想法"。学好大学专业，毕业后找个正经的单位，做个安稳的职业人，是父母的期望。然而，李本松从进大学的第一天，就开始与父母的愿望渐行渐远。他在大学第一学期开始试水创业，经历15年，从事了5个创业项目。李本松在大学期间卖手机、开酒店，毕业后成为猕猴桃种植专业户，再转向环境设计艺术工程。他的心路历程，是一个与机会同行的连续创业过程。

---

　　① 本文根据作者对李本松的深度访谈和对澜山农场和浙江太一环境艺术工程设计有限公司的现场调查所获得的系统资料撰写而成。第1~4部分记录了李本松创业学习的经历，第5部分展示了他创业学习的一些经验与启示。全部故事材料和思想观点由李本松亲述，或从农场和公司调查中获得。原始话语记录及录音整理工作由2015级企业管理专业硕士生董会芳和2017级工商管理专业本科生马丽丹完成。作者在忠实于李本松创业史实和话语原意的前提下进行写作，文稿经李本松本人审核后授权出版。

1 大学阶段的创业行动

1.1 来自同学的刺激

李本松清楚地记得开学的那个日子，2004 年 9 月 18 日。"进了学校，一个学长，背着个包，晒得挺黑的，流了一身汗，问我要不要办手机卡，服务态度很好。"开始，李本松怀疑他个骗子：手机卡是在移动公司办的，怎么可以在他手上办？"他说你在这里登记了以后，到移动公司搭的帐篷里面去办，都是正规的。"看着好多同学都去办了，李本松也跟着去办。

李本松看学长办出了很多卡，号码可以挑选，服务比移动公司要好，还很健谈，让人感觉到身心愉悦。"我就跟他聊，这个卡你是怎样的盈利模式？他说的一些东西让我感觉做这个事情有利润在里面，是可以挣钱的。"李本松当时想，他进了大学之后，能够通过自己的劳动挣钱，补贴自己的学习和生活费了。"这个事使我一个刚入学的懵懵懂懂大学生感觉：哇！特别牛。"这是李本松进大学后见到的第一个"创业者"。"这只能算是一个小触动，然后，很快，同班同学给了我一个很大的触动。"

在临近国庆小长假，李本松到斜对面一个同班同学的寝室去串门，这里住的四个同学都温州人，他无意中发现其中的三位同学"偷偷摸摸"在电脑上打一些文字。"我瞄了一眼，不得了，他们叫'三人行客运服务公司'，什么时候发车，怎么发车……"李本松特地坐下来跟他们聊了一下，询问这个事情，打印出来的东西也看到了。原来这三位温州的同学在做小长假期间杭州到温州的客运业务。

那个时候，温州人要到杭州汽车南站坐车回家，票价 120 元。这三个同学与正规旅游公司合作，把从旅游公司租赁的大巴开到校门口，票价 100 元。他们从 9 月 18 日入学就开始谋划这件事，9 月 30 日和 10 月 1 日，两天时间发了 16 辆车；去程爆满，回程 40%～50% 的上座率，三个人赚了 6 万多元。"我有被他们这个事情从头上'噔'地敲了一下的感觉。"后来，李本松经常去与这些同学交流，了解生意上的一些想法，帮他们做一些事情，"把他们作为我创业的老师"。他受其中一个同学的启发，进了学生会，把它当作锻炼的机会和做事的平台。到书本之外的世界去学习，参加社会活动、拉赞助等，提升了李本松的能力和创业意识。

1.2 独自创办大学生手机网

除了学习之外，李本松对外面的世界充满好奇。周末和课余空闲时，他都会去看看别人在做什么事情。后来了解到，廉价手机销路很好，当时学生又是廉价手机购买的一个主力群体。他自己买了一部，试了试，做了一个大学生手机网（www.dxssjw.com），利用自己在学生会工作的经验和关系，低成本地赞助学生会的一些活动，以横幅和传单的形式宣传自己的大学生手机网。然后，他在外面租了一小间办公室，开始卖手机。

这是李本松的第一个创业项目，始于 2004 年 11 月，采取在大学生手机网上看样订货的销售方式。首先从自己班级里开始销售，本班同学几乎都在他这里购买新手机，只有一个同学因为暑假物流的问题，他建议就地购买。后来，渐渐地，李本松在中国计量学院以及附近的浙江理工大学、杭州电子科技大学和浙江传媒学院发展销售。

虽然小打小闹，以男生市场为主，还要亲自跑到寝室送货和讲解，但利润是可观的，并且没有资金成本。李本松就靠着这个模式慢慢地做市场，既没有宏大的想法，也没有想到去开辟网上商店。"我没有嗅到互联网这个巨大的商机，大学生手机网完全靠学生会的线下推广。运用互联网进行线上推广这个手段，我半点都没用。大学生手机网无非就是我的宣传资料，我压根就没有把它当作互联网推广工具的想法。"后来由于做旅馆项目，没有精力了，2009 年，李本松把大学生手机网转让给了别的大学生创业者。

1.3 合伙开办都尚假日旅店

第二个创业项目始于 2007 年 5 月。销售廉价手机，有了一定的资金积累之后，李本松就想"做更大胆的事情，做实体，做实实在在的东西"。好客慷慨的李本松当时经常招待同学，他发现在高沙，周末经常开不到房间。那个时候高沙村有 100 多幢农民房，家家户户开旅馆：三层四层开旅馆，一层二层自己住，再开一些小饭店和小超市。"我们课余时间吃喝拉撒经常就在那一带，看到晚上八点钟的时候，它的灯箱就黑掉了，表示客房已经满了。这让我萌生了开旅馆的想法。"正好有一个同学当兵回来了，在下沙寻找机会的过程中与李本松探讨。"我说这个可行。我们两个人就干起来了。"

1.3.1 租房

找房子是最困难的。高沙那边的人家，要么自己开旅馆，不开的人家不在乎这点租金。一幢农民房的三四层有十二三个房间，出租给人开旅馆也就6万块钱，租给住户三四万块钱，但这样清静，少麻烦。

李本松发现有一户人家房子空着，很高兴。跑到房子前面的时候很失望：门口停了一辆奔驰 S500 和一辆奥迪 A6，这肯定是传说中那种很有钱不想出租的家庭！怎么办？聊一聊，试一试吧。当时女主人在家，她说不行："我们才不愿意出租呢，出租它干什么，烦都烦死了；开旅馆，叮叮咚咚的，比租住户还麻烦。"交谈过程中，李本松得知她的丈夫是做建筑的，高沙那边许多房子是他造的。后来看到她的儿子，年龄跟自己差不多。

两个合伙人商量后，决定从这家的儿子身上找突破口。两人在浙江传媒学院的回声酒吧里与他谈。"我以这些为突破口：①我们租金一年一付，省心省力；②我们把房子装修好，肯定比你现在的毛坯要好，旅馆不开了装修还在；③我是大学生创业，手续各方面要比那些租户散户简单，麻烦你的事情少；④我们采取措施保证不出吵闹声，所有干扰你生活的事情，都由我们来解决。"这家的儿子认为有道理，回家说了后，他父亲说要见一下。李本松后来到他家里跟他父亲谈，说出事情的来龙去脉、创业设想、资金准备情况、营销计划和长久性（起码签 5 年合同）等，"把他们担心的那几点恰好都变成了我们的优势，变成了租户的劣势"。

房子终于租下来了，租金比别人还便宜，男主人还提出在装修方面提供帮助。"后来算下来，房东自己出了七八万块钱。"后来又租了这家的一楼做大堂，并把旁边一家的房子也租了下来。装修好后，硬件上超过了高沙所有旅馆。26 个房间，装修和一年的租金花了 30 万元。

1.3.2 筹资

有一个好的项目，找到一个优秀的团队，排在第三位的是资金。旅馆快开业的时候，李本松还差五万块钱，而"合伙人之间是不借钱的"，其他能借的地方已经都借了。

怎么办？李本松只好跑去找父亲的一个在杭州开公司的朋友借钱。这位张总亲自到高沙这边看了看，要李本松写出详细的策划书。李本松从来没有做过这种事情，当晚硬着头皮写，前半夜根本写不出什么来。借钱的动力终于逼着他打开了思路。"我把自己的旅馆定位于大学城附近和经济技术开发区附近的超经济型酒店,比那些快捷酒店还要便宜。它其实就是旅馆的升级,把快捷酒店的服务和硬件设施引入旅馆。"

李本松一宿没睡觉,第二天一早把策划书送到张总在杭州凤起路的公司总部。张总把公司的副总和财务经理叫来,让他们看了李本松的策划书,然后说:"他弄这个东西就是向我借五万块钱。说是借嘛,跟要也没什么区别。如果你们认可,这五万块钱给他了。"虽然李本松策划书的财务部分被财务经理说成是按小学数学方式写的,但其他方面是被认可的,钱还是借到了。"这个我印象很深刻,后来我们做策划书时,专门的人干专门的事情。"

1.3.3 经营与退出

李本松的都尚假日旅店开张了,名称傍上了外面的都尚超市。他们还向高沙村要了 5 个广告位,都尚超市门口就有 2 个,把广告牌挂在了超市门口。5 个视觉效果很好的灯箱,一直指引到旅店门口。

开始发的代金券印制很精美,叫大学生自己的旅店。正面写明印的是美的空调、美的热水器、喜临门床垫和特别定制的一套家具。背面都是旅馆里面的照片。旅店从 2007 年 5 月开始筹备,装修好就差不多进入暑假了。"暑假里正好让我们慢慢熟悉旅馆的运作。暑假一过生意就很好,第一年就收回了全部投资。"

旅店挣到钱了。李本松想把他的大学生手机网拉进来,在旅店的办公室设一个窗口,与旅店的合伙朋友一起做,但被他否决了。"朋友的理由是:廉价手机总有一点灰色的概念,放在一个合法经营的旅店里,工商部门那里可能会有麻烦。"李本松觉得有道理,就放弃了这个念头(2009 年,在旅店快结束的时候,李本松把大学生手机网转让给了一个做电脑生意的大学生创业团队)。"旅店这样做下去其实还好的,后来我父亲知道这件事情了,既不支持也不反对。"

2008 年临近毕业的时候,李本松的父亲来了一通电话,说联系好了实习单位让李本松去实习。"我说我现在一个月能挣一万多元钱,为什么还要去上班?"可父亲说"旅馆还能开一辈子?你上班去,你读了四年书,不是读得还行吗?你怎么不去上班啊?"李本松当初的想法不是停留在这一家旅馆上,而是要以连锁的方式扩张的。"后来由于大鳄开始进入,激烈竞争眼看就要到来,感觉前景不太好,大学毕业也半年了,就听从父亲的安排,去实习单位报到了。"

李本松在实习单位摆弄仪器仪表,一个月就辞掉了这份工作,偷偷溜回旅店了。2009 年 5 月，李本松反复劝说合伙人，终于把旅店转让出去，赚了 18 万元。当时他在翠苑小区租了房子，来回坐 B1，心里不好受："本以为能够在下沙干出一番天地，可以留在杭州，现在看看好像是不行了。当时在 B1 公交车上看着雨滴落下来，有想哭的感觉。"

2 职业生涯中的创业者

2.1 涉足农业

工作辞了，旅店和手机网都转让了，李本松暂时失业。后来，父亲的那个朋友，曾经借给他五万块钱的张总来找他，叫他去帮着做事情。"他知道我不想上班，说：你跟我做事情与创业是一样的，你先跟着我，我到哪里你到哪里，先看看。"因为在一个项目结束，另一个项目开始的衔接过程中，有这样一位贵人相助，所以，李本松比一般创业者要少一些艰辛。

张总的产业主要是化工。"化工业务正在迅速发展，手下很缺人，张总对我这种毛头小子也很看重，总是带着我到处跑。这样跟了几个月。说实话，当时没有发现他下面哪个工作特别适合我，他的化工业务跟我的创业也不搭界。"2009 年 8 月的一天，张总说到上海去，李本松因这个偶然的机会到了张总在上海的农场。这个 100 多亩的农场，种点果树和蔬菜，养点鸡鸭和鱼，可以劳动和休闲，完全是自用的，由张总的弟弟夫妇照看。

农场里种了一些翠冠梨，这种翠冠梨是杭州果树研究所研究出来的。那天正好碰到杭州果树研究所的老所长。在聊天的过程中，李本松对果树、对农业产生了好奇心，有了兴趣。回杭州后，他向果树研究所的老师请教。在张总弟弟那里了解到这种梨的销售收入之后，李本松觉得这个事情值得去干，就跟张总提出想在那个农场里工作，并把发展设想说给他听。"去了农场，开始挺难受的，没有具体工作，跟创业一样，所有的工作、所有的东西都是自己想出来的，没有人告诉你要干什么。"李本松从水果包装以及给顾客装车做起。有时候帮着送货，可以到市区接触客户。"花这么高价钱买这些东西的是什么人啊？我就想去看看。就开着车，借着送货的事情去认识大上海，认识客户群。"

李本松从张总的弟弟那里了解到，上海这个地方东西好卖，只要东西好，就不愁卖。这种梨100多元一箱，销路很好。李本松主动跟杭州果树研究所的老所长和专家联系。"我当年引进了一个选果机，节省了很多劳动力，并着手重新设计包装。送到客户那边，他们感觉这个东西跟以前不一样了，知道这个农场里面来了个大学生。"李本松也开始找当地农办负责人了解上海的政策，参观周边好的农业企业，发现这个农场在翠冠梨和水蜜桃上做大做强没有大的前景。那个时候，他一个星期起码三次向张总报告农场的情况。

2.2 开创猕猴桃事业

李本松看到农场里有一种小果子长大了。这是什么东西啊，爬得乱七八糟的。后来知道是猕猴桃。他从张总弟弟那里了解到，这是上海交通大学的陈教授种的，他早已退休。陈教授是最早把猕猴桃引入上海的人，他当时在上海有10个示范园，在这个农场里有30亩，被水淹死之后只剩16棵。"我事先从网络和书籍上对猕猴桃做了一些了解。等他从美国回来后，我跟他好好地聊了一下，感觉猕猴桃产业是可以做的。"

在陈教授回来之前，李本松挑了一点猕猴桃，装在从淘宝买的盒子里，参加上海市农业博览会，放到翠冠梨边上。"我在农博会上专门针对这种猕猴桃搞了一个市场调研。"当时国内市场上黄心猕猴桃还很少，只有一个叫海沃德的品种。"我们那个品种跟海沃德没法比。"李本松给陈教授打电话，得知国内有新品种，绿心的，比较甜，叫徐香。然后，他在论坛里向陕西那边了解情况。"比较后，我坚定了信心，把这个品种的优势信息发布出去。根据市民的反馈，我写报告给张总，提出在上海引种徐香猕猴桃的设想。"

经陈教授引见，李本松与上海交通大学的课题组建立了技术合作关系。"他们答应协调陕西、四川那边猕猴桃主产区的专家来帮助我。"回头他向张总汇报了这个事情，建议猕猴桃至少要种100亩，向政府申请100亩土地，搞一个上海优质猕猴桃示范区；这个项目相当于上海猕猴桃的传承，有专家团队；市场方面，跟翠冠梨的客户群是一个客户群，并且在上海推广本地猕猴桃是一个市场空白。张总同意这个事情，表示资金和人都支持。"他让我们马上做财务预算。我们做了详细的预测：在上海，猕猴桃达到丰产要五六年的时间，丰产之前，一亩地至少投入1500元（当时的物价）；前三年没有产出，第四年是部分结果，第五年、第六年肯定丰产；第六年猕猴桃的收入能把所有的成本都回收。"

　　李本松马上去和政府部门联系。张总亲自跟上海交通大学的人沟通之后更有信心了，说："至少要300亩以上，最好达到500亩；技术这一块由交大的教授全权负责。"就这样，李本松做起了当时上海乃至华东地区最大的优质猕猴桃示范园。项目开始运作了，而土地获批是一个漫长的过程。他当时想把徐香猕猴桃进到上海试销，但这时候已经快过年了，在陕西主产区，树上已经没有猕猴桃。

　　李本松回了趟长兴，从长兴坐火车到了陕西，一个人跑到周至和眉县进猕猴桃。上海交通大学的老师帮他联系了那边的园艺站。销售很赚钱，张总很开心，给他配了辆轿车做销售，赚了几十万元。但李本松遇到了两个问题。"我吃这个猕猴桃，发现一个问题：放在外面不太容易软，一软就要马上吃掉，隔一两天就坏掉。"这是什么问题啊？深入沟通后，专家说可能是用了膨大剂。另外，"过年开心归开心，心里对产品有个疙瘩：它不是我自己的产品。"

　　猕猴桃的技术主要是在陕西和四川推广。从第二年春天开始，李本松有很多时间待在陕西，在大产区里活动。他跟在西部地区猕猴桃首席专家、西北农林大学的刘教授后面，在猕猴桃地里学习。"在陕西那段时间，是我对猕猴桃理论和实践知识学习得最快的时候。那边是大产区，什么事情都能碰到，打膨大剂与没打膨大剂的两棵树明显不一样。"

　　李本松的猕猴桃事业是从收购开始的。在收购的过程中，他发现很多农民都种两块地：一块地种的猕猴桃是卖的，另一块地种的猕猴桃是自己吃的。在大幅度提高收购价格、支付很多代办费的情况下，他们还是会做假。"我们要创造一个中国猕猴桃收购的新标准，委托专家做一个我们自己的标准，严格执行。"李本松采购来的徐香猕猴桃在上海迅速打开了市场，原本不往上海销的一些人开始以同样的价格经销那些不怎么好的产品。第二年，猕猴桃收购的价格已经抬到了3元多，李本松所在的公司收购了六十几万斤。上海这边猕猴桃产业园的地落实了，小苗种下去了。"我们带动了陕西猕猴桃产地两个变化：产生了经纪人；提高了品种质量意识。"张总的信任，使李本松快速成长。"我觉得，这一路走过来，要多思考。人家不会平白无故地帮你，有些关系不会平白无故给你用。这要看你在做什么事，看你是怎么为人的。"

3 澜山农场的猕猴桃梦

在张总手下做事收获很多，钱有了，能力锻炼了，上海的关系网也肯定是有了，但也有一些问题没有解决。2011 年底，李本松回长兴物色地块。决定与老家的同学合伙种植猕猴桃后，2012 年 10 月，他辞掉了上海的工作。

3.1 创办澜山农场

澜山农场始建于 2011 年底。农场占地 700 多亩，完全施用有机肥。2012 年三四月种上第一批苗，不到 100 亩。"我们不是直接栽成品苗，栽的是砧木（野苗子），一年后再嫁接。"树苗种下去，一年内任其随意生长，经受当年冬天霜打，叶子掉落之后再修剪，只留一根最粗壮的主干。

澜山农场从一开始就把技术放在首位。这方面，主要靠李本松自己把关，并向专家和农民技术员请教。农场花高价请陕西的技术员过来，现场定植两年生的优质实生苗，一年后嫁接优秀品种的接穗，手把手地教当地人员把技术动作做规范。技术规程是在专家指导下，结合农民技术员的经验制定的。李本松也向新西兰同行学习先进的生产技术和育苗技术，学习他们的营销思路。新西兰人有储备的新品种，发现某个品种有病，无法消除时，马上进行品种换代。"跟很多汽车和工业研发一样，卖一代，储存一代，研发一代，很震惊。"

澜山农场的主要定位是成为湖州地区、杭州地区以至长三角地区优质猕猴桃生产基地，产品质量要接近甚至达到新西兰的标准。李本松说："这是我的目标，是我现在做的。"2014 年，农场有少量果子产出。由于太注重无公害生产，没有套袋，没有喷药，导致果子有虫眼，放不住。2015 年，采取套袋，配合使用低毒杀虫药与杀虫灯。当年，猕猴桃产量达 9 万斤，销售额 160 万元。虽然农场的红心猕猴桃口感优于新西兰的产品，但病虫害问题一直没有解决。"中国猕猴桃还有很长的路要走。我们优于新西兰的品种是有的，国内企业一定要把育苗这一块做起来。"

2016 年，澜山农场建了一个育苗场。李本松认为，"育苗这件事情一定要做起来"，第一步不是培育出新品种，而是把现有的品种培育出比较健壮的苗;第二步再培养新品种,"这是我们建育苗中心的目的,也是我们企业能够长久发展的基础保障"。企业没有利润就无法支撑研发活动,进而失去持续发展的保障。"我的新品种目前是自己用,不想卖,必须保护,不允许他人采摘。"否则,像澜山农场这样在前期试验中投入了大量时间和资金的企业,就会在采取模仿策略和价格战的企业面前处于劣势地位,在恶性竞争中遭遇优汰劣胜。"带动农民致富,我自己的企业首先要有一个立业之本。有自己的好品种,试验成功了,在销售很好的情况下,不断扩大面积,才能带动大家致富。"

3.2 经营策略

澜山农场已经初具规模,事业基本起步了。接下去的路怎么走呢?李本松认为,自己从猕猴桃收购和销售做起,对这个行业很熟悉,运用相关数据进行分析和估计,有把握判断多少年内收回猕猴桃园的投资,能够赚多少钱。"我对猕猴桃钻研得比较深,只有做这个东西,才有最大的把握,把这个农场撑起来,能够在 6 年内回本。以后每年能赚多少,利润还是蛮可观的。我只能做到这一点。"如果去做四季果园,那么,成本核算与控制和产品的营销,他都没有办法做出保证。

李本松一开始就找理念相符、有实力的大客户合作。"你认可我这个理念吗? 5 年不挣钱你认可吗?我如果找了一个没实力的,他第二年就向我要钱,那不是逼着我到陕西收猕猴桃过来卖吗?"2015 年猕猴桃挂果之前,李本松把开元酒店的总经理请了过去。开元酒店和开元物业向他的农场要猕猴桃,由于当年供应量没有那么多(产量只有 9 万斤),李本松又没有自己的车队提供服务,干脆就不给。2016 年,李本松把猕猴桃种到了开元的长兴芳草地乡村酒店里。这是对澜山猕猴桃的高度认可。

李本松认为,产品找到价值认同的客户,维持较高的利润,才能持续不断地在研究方面投入,保证持续性的规范动作,得到好的产品。近几年,澜山农场与优质客户合作后,能够集中精力生产优质产品,销售压力不大。与此同时,李本松认识到,现在这个农场,电商的作用只是用来做宣传。以后要做一个智慧果园,让别人能够通过手机 APP 看到果园里 24 小时的实时情况(作业、无公害标准执行等)。顾客可以在网上下单,再送货上门。

李本松还有农业企业抱团发展的思路。"我们长兴的实体店面也在准备,这个实体店面不是我一家的,我想把整个煤山镇的农业推出来。""我单打独斗能吸引多少人到煤山玩？煤山要组团，煤山要抱团。"考虑到煤山有红色文化资源，有一批优秀的农业人才，有一批深加工的农业企业，李本松希望把这些资源整合起来。李本松想跟农商银行网购平台"丰收购"的线下体验店合作（一半店面免费提供给农业创业者开店卖产品，并为"丰收购"引流），打造长兴农业创业者的交流平台。

3.3 未来之路

自己痴心的猕猴桃事业就满足于澜山农场这个样子，不扩大了吗？李本松说，经过理论推算，"在一个地方，猕猴桃园面积不能超过一千亩"，否则就会很吃力，就算能卖给更远的客户，涉及长途运输和果子新鲜度损失等问题。跟开元酒店合作，开元的乡村酒店开在哪个地方，仅仅在它那里搞一个微型果园，两亩地、五亩地，是不是太少了？李本松考虑跟开元进行深层合作：在它的乡村酒店边上建几百亩的果园或农场，以猕猴桃为主；猕猴桃的收入使果园或农场活下来，销售其他东西的收益就算净赚了。"就像大学时候给我大触动的那几个同学发车一样，他们的车发到温州去就能挣钱，回来多带一个人就多挣了一份钱；他们不可能亏本发车到温州去，到时候从温州再拉人赚钱。我们现在靠着猕猴桃足够挣钱，下一步其他东西能够让我们挣得更多一点，这样能够让我们维持猕猴桃主产业不变。"

很多农场发展到最后变成"四不像"，在干什么都不知道。许多农场会急于做农家乐，许多农业企业被农家乐之类的经营给做倒了。"虽然现在民宿很火，农家乐这块很火，但我们不轻易做。"如果做，肯定要跟这方面实力雄厚、经验丰富的人合作，"比如说，如果我们的果园环境很优美，假如开元看得上，跟我们合作，在农场里搞一个果园民宿，那我们是可以考虑的"。说到靠自身去发展民宿，李本松提到，以后高速公路通了，农场周边人气旺了，可以考虑做一个小的民宿，供人吃饭和住宿，绝对不会超过主产业。这样公司能够平稳地发展，不至于被老板一拍脑袋额外上的项目拖垮，因为你在那一行不是专业的。

李本松认为，踏踏实实做一个好产品，让别人认可这个产品，让消费者来买这个产品，这个自己还是能够做到的。"所以，我们这个果园整体思路就出来了，就是说：做好产品，做一个良心的农场。"

4 转向环境艺术工程设计

4.1 机遇与困难

2016 年，澜山农场的整体情况相当好。李本松在向着自己的猕猴桃梦奋进的过程中认识到，农业项目做强做大，需要大量资金的投入。农旅结合是一个不错的选择，为此，澜山农场在 2014 年获得了 3 亩建设用地指标的调规。"当时，据我所知，在长兴，没有一个做农业的是有建设用地指标的。"实施农旅结合的开发，李本松预测需要 1000 万元的投资。正在这个时候，机遇与困难同时降临到面前，迫使他做出新的选择。

当时，李本松一个做房地产的亲戚，想投资农业，看中了澜山农场，愿意投资 2000 万元。对于一心想把猕猴桃事业做好的李本松来说，这是一个大好时机。但由于要出让相当一部分股权，农场股东之间出现分歧，这个融资计划搁浅了。由于经营理念上的差异，农场未能进一步扩张和深度开发。

同时，李本松也在对农场和自己的前途做进一步判断。根据土地政策和环保要求，民宿或者农家乐是可以做的。但通过对周边地区民宿与农家乐产业的考察和分析，李本松认识到，农业向农旅结合发展是一件很艰难的事情，不仅很费钱，而且在政策上存在一些模糊性和不确定性。何况农场所在的煤山镇，政策上还没有开启民宿的口子。他还发现，在周边，有规模、规范经营，而且业绩好的民宿不多。这些小规模的民宿，大多以家庭经营的方式获得有限收入。至于农家乐，除了上面的问题以外，许多经营者是在农业用地上进行商业活动，将农场变成了餐馆和娱乐场所属于违法经营。"其实，从 2016 年到现在，我对这个事情没想好。在政策不清晰的时候，我相信我还会继续做农业。因为做农业，我已经是熟门熟路了，不用投入太大的精力。"

由于股东间经营目标与理念的分歧，融资计划搁浅。加上对农旅结合的前景不抱乐观态度，李本松对农场进一步发展的方向，陷入犹豫不决的境地。就在此时，一个偶然的机会，让李本松做出了跨越猕猴桃种植产业，开发环境艺术工程设计市场，开启全新事业的又一个创业决策。

4.2 行动与定位

李本松和合伙人在创办和经营澜山农场的同时，一直在农场及其周边种树。"种树能起到一些防风的作用。我们也在卖树。"他们还利用当地的有利条件和自身的社会关系，借用一个园林公司的资质，承接绿化植树工程。

到外地做绿化，不仅要出差，而且在工地上很辛苦。做了多年绿化工程，李本松发现了一个问题，产生了自己的想法。"我们都是按图施工。这些图是谁做的呢？中国美院，或者别的一些设计院做的。那种设计院做的事情，他们轻松就把钱挣了。我们做的是纯施工的事情，我们为什么不能做设计？他们做的是大设计，像县政府这种大的项目，肯定会请专业、知名的设计院来设计。但很多小设计也是需要的，老百姓、小企业、村庄、乡镇府等需要适合它们的设计。"做绿化的过程中，跟设计师们打交道打多了之后，李本松进一步发现，在长兴，种树做绿化的和经营苗圃的不懂得做景观。景观需要设计，比如，园林小道、景观灯、景观石、喷泉等，这是个系统性的工程。

机会终于来了。李本松在海宁做绿化的时候，正值文明长兴活动开展，环境美化涉及宣传口号设计和景观制作，有关单位询问李本松会不会搞这一块。"这一块，以前长兴是没有的。"李本松答应试一下，就联系了杭州的设计师。"其实，这种事情在别的一些城市已经有人做过，但不能照搬，长兴要有长兴的特色。"

李本松承接的第一个项目是位于和平镇的浙江省新能源高新园区形象提升项目，找的设计师是中国美术学院下属风景园林设计院的。方案中标后，李本松注册了长兴力维图文设计有限公司，去执行这个项目。项目从 2017 年 5 月开始，分两个阶段完成，总款项 180 多万元。这个园区由和平镇和原吴山乡各自的园区合并而成，规模较大，没有给人一个园区的感觉，缺乏认知度，更没有品牌，对外名称也不统一。李本松的公司承接项目后，经与领导部门沟通，确定了统一的名称，设计了 LOGO，对五个重要入口进行设计和美化，指示牌的设计与国际接轨，突出园区核心元素，设立了党建引领经济发展的宣传栏。"这个是我第一次对环境艺术方面有所了解。当时去做的时候只是叫提升园区形象。设计 LOGO、导示系统和标志标牌，这当中已经用到环境艺术的很多成分。""我们这个文创设计，只能算 1.0 版本。它让这个园区有了自己的品牌，完善了内部道路指引，对关键道路节点进行改造，提升了整个园区的形象。设计的核心元素是新能源，可持续发展。但是，我现在回头看，这个事情还是不满意的。"

　　此后，李本松将澜山农场交给另一位股东打理，集中精力，一边建设自己的团队，一边带领团队承接一些有挑战性的项目，开拓自己的新事业。团队建设方面，他从杭州聘请了专职的设计总监，长居长兴，负责设计和设计人才的传带。同时，积极引入高水平设计师，作为公司的兼职和外援人才。对于省城来的专家，李本松在积极采纳他们的先进理念和设计技能的同时，强调本土化的适应，而对于本地的设计师，他强调先进理念和技术的学习。对于公司员工，除了业务能力以外，李本松还要求有较强的责任心。在项目方面，李本松的公司又完成了长兴县人民检察院展厅设计与布置、江南银行展厅设计、浙北医疗康复中心环境导视系统设计和小浦八都岕景区文创设计等工程。

　　经过两年时间的实践，李本松正式将自己的新事业定位在环境艺术工程设计。2019年2月，李本松变更长兴力维图文设计有限公司，成立浙江太一环境艺术工程设计有限公司。目前，公司承担了南方水泥有限公司①的内部环境改造设计项目。李本松根据该企业自身和当地自然环境情况，给公司决策者的建议是：这个国有企业不仅具有光荣的历史，留有一些房子、车间、设施、设备和名牌等方面的实物见证，而且承担着重大的社会责任；它内部的公园建设没有必要在绿化和公园设施上投入大量资金，应当注入企业的历史文化元素；可以向工业旅游方向开发，一方面作为员工休闲休息的场所，另一方面向人们展示它的历史和文化，挖掘出它在开采和消耗矿山资源的同时，为经济建设做出贡献，为保护生态做出努力的一面，起到引人自豪、激人奋进的作用。李本松深有感触地说："他们晚上都在发车干活，看着让人很有感觉。这种企业真正承担了很大的社会责任"。此外，公司也在积极开发乡镇（街道）和村级文创设计市场。

4.3　雄心与初心

　　环境艺术工程设计能够为各行各业服务，市场需求很大。政府机关、企事业单位、村、社区等的室内和室外都需要不同程度的环境设计，涉及环境、文化、地域特色和传统等各方面的内容。除去那些大型项目通常由知名的设计单位承接以外，基层的小型项目需求多样，市场潜力很大，私营公司的机

---

　　①　央企背景的超大型水泥企业，中国建材股份有限公司核心水泥企业之一。

会很多。从盈利能力看，做融入艺术和文化的环境设计项目，比单纯做绿化施工项目更有利可图。

李本松从猕猴桃种植转向环境艺术工程设计，加上前期注册的是图文设计公司，许多人感觉跨度太大，不好理解。但从他的认识过程和行为过程看，这种转变并非跳跃式的。"我这个公司是在人家的嘲笑中办起来的。你怎么做这个东西？不务正业吧？要么猕猴桃做不下去了？我们的猕猴桃企业发展还是健康的，无非没有往多元化方向去发展。我现在进入这块，也是看到长兴设计的不足。开始是一个一个硬骨头啃下来的，啃以前长兴的广告公司和设计公司不敢啃的硬骨头。以前，像这种东西，他们认为都是杭州人做的，我们就搞一些简单的，把钱赚了就好了。"李本松喜欢有挑战的项目，通过挑战有难度的项目，用成功的案例扩展公司业务和招募人才。"我有这个案例，才能发展业务。业务扩张了，才能把外面的人员变成我的全职人员。你必须要有业务。业务怎么来？一开始就把不可能变成可能。"他认为，越到上面竞争对手越少。"你现在接的活，要求的能力感觉还不太够得上。踮着脚，还要找一个辅助物踮着脚，才够得着。慢慢地，你在上升。如果你接的每一个活都很轻松，最差的设计师都能干，你的公司还有进步吗？"

李本松也知道，那些没有自己的设计，简单地抄袭他人的公司，利润比自己还高。但李本松坚持啃硬骨头，做有挑战的项目，自己做设计，在项目中融入艺术和文化。有个从其他公司来的新员工对他说："老板，我们这样赚钱太辛苦了，设计方案要做这么复杂，一本一本的，以前我们……"李本松回答说："你到我这里来面试，看上了我们这个设计比较有品格，认为跟着我们公司的师傅，跟着我们杭州的外援团队，能够得到发展，更好地学习。学习到最后是干么？应用嘛，我们的应用就是这样。我要么不做，做就是这样的。"

就这样，在不到两年的时间中，在别人的不解中，李本松完成了一个初创企业的孵化。现在，他一心要把这个新事业做强做大。"在长兴，不管人家说我是广告公司、图文公司，还是设计公司，我肯定比他们都要强。"他预计2019年的营业额在800万~1000万元，要求保证20%的净利润。"有20%的净利润，才能保持我的团队很优秀，我们的设计很好。我不会去跟你竞争价格的。"李本松的雄心是，"在长兴，我要做最大的。"

在为新的事业奋斗的时候，李本松没有忘记自己的初心。他感到，长兴每年的猕猴桃节，整体设计不尽如人意。"每年一个样，领导过来发个言，参观一下，对农产品的销售帮助有限。我到桐庐参加一个樱桃音乐节，颠覆了我的理念。人家办的这种节日真的是很好。"李本松正在酝酿一件事：用他现在做的这套东西，为长兴的农业企业和乡村旅游，做一个特别的农事活动，让外面的人记住长兴，记住长兴的农产品和旅游。"搞这个农事活动，有机会的话，我肯定重点搞猕猴桃，但这个活动得放在水口，而不是放到我的农场里。"因为他认识到，要提高自然流量，必须选择一个有吸引力的地方。水口是长兴农民自发种猕猴桃最早的地方，有二十几年的种植历史。至于自己的猕猴桃园，他认为可以做一些升级，搞一个猕猴桃的小型科普展览馆。

5　经验与启示

5.1　机会导向

李本松创业经历了四个阶段五个项目：初入校园成为大学生廉价手机销售者；与人合伙创办和经营超经济型酒；在上海和长兴两地创办优质猕猴桃基地；创办环境艺术工程设计公司。一路走来，他扮演了一个善于捕捉机会的新事业开拓者的角色，走出了一条机会导向的连续创业学习道路。李本松认为，成功创业最重要的是有一个好的项目的创意与策划，项目必须要有长远发展潜力。"虽然我的创业没有那么艰辛，但我从中总结出来，人要善于发现商机，能够发现一个你可以做的好项目。"

对于李本松来说，机会的发现并不是巧遇的结果，而是随时保持警觉，不断地学习和探索的结果。在校园里，他受到卖手机卡的学长和国庆假期从杭州发车到温州营利的同班同学的启发之后，通过同学和学生会主动寻找接触和学习的机会，获取信息，识别商机。开办假日旅店的商机，是他在对高沙旅馆业的日常观察的基础上，将快捷酒店的硬件和服务优势与普通旅馆的价格优势相结合的结果。在上海引种外地优质猕猴桃的机会，是在上海市场调查、网上资料搜索和向陕西大产区专家与果农学习的基础上识别出来的。澜山农场的猕猴桃事业是上海猕猴桃事业的继续。进入环境艺术工程设计领域的机会，是他在经营澜山农场，利用农闲承接绿化工程的过程中观察、思考和学习的结果。

李本松能够识别适合于自己的创业机会，与他创新性地思考和学习的特点密不可分。这种机会识别能力，也体现在具体项目的竞标和发展上。南方水泥有限公司的内部环境改造设计项目，本来只是该公司的一个公园建设项目，由于先前设计单位的方案花费太高，才有李本松公司的机会。而李本松抓住这个机会，将该公司的公园建设创新性地转变成内部环境优化项目，注入了公司的光荣历史和文化，获得了该项目的合同。他说："创新是使创业过程持续发展的原动力，创业企业要想走得长久，创新是关键。质量好的东西也要不断创新。新品种猕猴桃来的时候，我的营销也要创新。以前，一个农产品不会像小米手机一样开发布会。现在的农产品，比如一个猕猴桃新产品成熟之后，也要像小米一样开发布会。产品本身要创新，包装和营销也要创新。"

5.2　技术支撑

为建设上海的猕猴桃基地，李本松到猕猴桃主产区，向专家和农民技术员学习，掌握了全套栽培和管理技术。他还去新西兰学习先进的生产技术、育苗技术和营销思路，学习那边用一代、储存一代和研发一代的品种换代思路。系统地掌握先进的技术，李本松不仅克服了招不到人和留不住人的困难，而且懂得了生产经营过程中选苗、栽培、剪苗、疏花、疏果、套袋、虫害、农药、膨大剂、果质、果形等因素之间错综复杂的技术联系。摆脱了技术不精给经营者造成的困惑，不仅为发展自己的猕猴桃事业奠定了技术基础，而且为他贯彻无害生产和良心务农的理念提供了知识武装。

环境艺术工程设计方面，李本松自己不擅长技术，他就花重金从杭州聘请设计总监，作为公司的业务骨干，并承担设计人才的培养工作。对于本地招聘的设计师，要求他们加强设计新理念和新技术的学习和应用。他还不断地参加各地的展览会，了解新材料、新技术和新理念的发展动态。

重视技术支撑作用的李本松十分注重与高校和研究机构的合作。他认为，每一个项目的优势都离不开高校和科研机构的技术支持。在猕猴桃方面，他与上海交通大学、西北农林科技大学等单位的专业团队建立了紧密的合作关系。"教授和老师的作用是相当大的。没有他们，就没有现在这个澜山农场。科研机构其实就是我们的技术和创新的源泉。"在环境艺术工程设计方面，李本松充分利用中国美术学院和杭州其他单位的一批技术人才，作为自己公司的专职、兼职或外援设计人才，为项目承接和人才培养贡献力量。

5.3 质量为本

李本松认为，企业经营中质量管理是第一位的，一个优秀的团队一定把质量放在第一位。创业企业一开始就要做质量管理，企业想要成功，产品能够销得好，归根到底取决于高质量的产品。质量是李本松创业经营的立足之本。

早在开办都尚假日旅店的时候，李本松和合伙人就特别注重旅店的性价比。他们把它定位于超经济型酒店（快捷酒店的硬件和服务、旅馆的价格），房间设施品质明显高于当地旅馆。

2010年，李本松去陕西为公司收购猕猴桃的时候，就坚持优价优质。哪怕已经付了钱，他也要把以次充好的猕猴桃倒掉，同时撤销了不按要求收购的代办点。建立和经营澜山农场后，李本松坚持最少农药使用量，不用膨大剂；坚持不转售非自己生产的产品，"有货才卖，没货不卖，要卖就卖好货"；坚持就近种植和销售，避免远途储运造成水果质量下降。

创办和经营环境艺术工程设计公司，李本松坚持自己设计而不抄袭他人，勇于承接有挑战性的项目。依靠优质优价获得利润保障，不加入低价竞争行列。通过精心设计赢得有足够利润的项目，运用公司的利润聘请高水平的设计人才，使公司在高水平设计和高利润项目之间形成良性互动。

贸易、部件与整车
——黄冬梅创业三步走[①]

赵　昶

　　黄冬梅 2008 年 7 月毕业于西南师范大学经贸英语专业，毕业后很迷茫，不知道从事什么工作。当时，黄冬梅考取了教师资格证，到学校实习一个月后，发现自己的性格并不适合教师工作。在仔细思量之后，她决定去企业工作，感受一下工作氛围。

　　找到喜欢的外贸业务，面对不适应的管理风格，黄冬梅离开所在公司，踏上了创业之路。她遇到了得力相助的合伙人，两个人内外分工，搭档主要负责内部产品研发和制造工作。此后，她又整合上下游资源，筹建电动自行车整套电机电源的供应商系统。在深切体会到初创企业的最重要资源是人之后，黄冬梅逐步授权、放权。同时出台晋升制度，让每个员工看到自己的职业规划方向和晋升通道，从而激发出每个人的潜能。

1　外贸工作和创业

1.1　一个人的外贸部

　　刚毕业的黄冬梅进入本地一家生产电动自行车电池的企业，公司规模不

---

　　①　本文根据对黄冬梅的深度访谈和对她所创办的公司的现场调查所获得的系统资料撰写而成。第 1~3 部分记录了黄冬梅创业学习的经历，第 4 部分展示了她创业学习的一些经验与启示。全部故事材料和思想观点由黄冬梅亲述，或从公司调查中获得。前期调查由许胜江组织实施，原始话语记录及录音整理工作由 2015 级企业管理专业硕士生董会芳完成，相应故事素材由许胜江提取。后期调查由赵昶实施。作者在忠实于黄冬梅创业史实和话语原意的前提下进行写作，文稿经黄冬梅本人审核后授权出版。

大，主要从事内贸销售内勤工作。当时还没有外贸业务更别提外贸部，因未能接触到外贸工作，加上缺乏与终端客户打交道的机会，也看不到公司有筹建外贸部门的打算，黄冬梅离职找了一家正在筹建外贸部门的公司。经过深入了解该公司及产业未来发展空间，黄冬梅在总经理的支持下成立了外贸部，自任外贸部经理。当时外贸部就她一个人，一切从基础工作做起。黄冬梅半自学半讨教，逐渐获得各种出口相关认证，建立起整个外贸流程体系。

这是一段充满学习激情的时光。但凡老板交代一个事情，黄冬梅没日没夜地确保完成，完不成甚至回到家里还会哭上一场。黄冬梅依然清楚地记得做成第一单外贸的尴尬情境。当时，黄冬梅第一次实操办理信用证，心里既激动又备感压力。信用证资料只要按要求做，发货后会很安全地收到款项，唯一风险的在于完好无缺地根据信用证条款提供资料，如果有一点做错，就会导致货钱两失的后果，信用证办理非常考验一个人的综合能力。黄冬梅记得那笔货款是两万美元，对当时的她来说是个天文数字。因当时国内出口电动自行车锂电池较少，涉及的认证和商检更是很难真正了解清楚。黄冬梅的精神压力非常大，到处求人请教，感觉很无助。黄冬梅深感自己专业知识不够扎实，非常负责任的她害怕会给公司造成损失。但是最终她还是顶着重重压力，顺利地完成这笔信用证出口业务。

2013 年 4 月，黄冬梅所在公司与另外公司进行股权合并。合并之后，原来的经营结构、模式和制度完全改变了。黄冬梅觉得限制过多，待不下去了，向老板提交了辞职报告，从原单位离职了。

1.2 合伙开办外贸公司

辞职之后，黄冬梅考虑去向：是自己创业？还是找一家专业的外贸公司？她心底里还是很想从事外贸行的，凭借对电动自行车锂电池行业发展轨迹的了解，黄冬梅明确自己的发展目标和方向还是在老本行上。在这个节点上，她爱人鼓励她创业："你可以自己去干一把，失败了之后咱们再回来去工厂找工作也不迟。"

黄冬梅认为，"做精、做专"才具有在行业内立足的机会，因此选择留在原行业内发展。于是，黄冬梅开始筹划公司的注册和运作事项，并于 2011 年 5 月成立进出口公司。合伙人是黄青山，两人各占 50%的股份。黄青山是黄冬梅的堂弟也是原公司的销售团队成员。同时，黄青山的业务能力、工作状态和想法与黄冬梅相契合。在未来的创业路程中，黄青山可以分担很多问题和帮助攻克难关。

当初黄冬梅出来时,原公司的一批客户愿意继续与她做业务。黄冬梅坦率地告诉客户,她既然选择从公司出来,就会把这个工作交接给公司其他人,但也希望与客户依然可以保持联系,做朋友也好。

半年之内,黄冬梅完成了基础工作的搭建。期间发生了一件事情,给了她一个很大的启示,或者说一些感悟——万事没有绝对的对立。原公司老板知道黄冬梅出来后还在做这一行,双方开诚布公地放下包袱,达成一致,换一种方式继续合作,货物从原公司的工厂采购,黄冬梅照样能享受到优惠的销售条件。

作为贸易商的黄冬梅在向各生产企业采购时,事情远没有想象的那么顺利,遭遇到一个极其深刻的教训。当时,有一个约200万元人民币的大订单,黄冬梅原本已经和供应商在口头上达成协议,并且按照惯例把订金都预先打给供应商用于备货,只是没有及时与供应商签订合同。但供应商的另一个股东认为价格过低,不符合公司的利益,居然单方面毁约了。毁约给黄冬梅造成非常被动的局面,损失也很大,这也是促使她后来组建属于自己的锂电池加工厂的一个重要原因。

2　创办工厂

2.1　整车项目

欧洲人对配有小型锂电池自行车是非常感兴趣的,因为这种自行车可以在他们骑累时提供辅助动力,尤其适合住在偏远乡村的中老年人。电动自行车在欧美的销售增速很快,每年有20%~30%的增长率。

黄冬梅到欧洲去参展和走访客户,发现电动自行车的整车利润远远高过电池。她和搭档一直想做这个事,但苦于找不到适合的合作方。整车158个零部件在哪个工厂采购最好?价格最便宜?哪个工厂组装最理想?整车比电池加工更为复杂,不是一年半载能够吃透的。

黄冬梅很早因业务认识了一个为外商采购电池的台湾人,他为客户从设计到打样到采购提供一条龙服务并对整车158个零件的采购渠道谙熟于心,一清二楚。碰巧在南京展会上遇到，黄冬梅与他聊起做整车的话题。他说："如果我跟你们合作开个公司，你们负责销售，我来负责采购。"黄冬梅觉得这是可以的，双方一拍即合。

2015年11月，黄冬梅成立浙江德斯科技公司，专门用于设计销售电动自行车，但组装还是委托外加工。黄冬梅和黄青山每人占30%的股份，台湾人占40%的股份。

2.2 部件

整辆电动自行车在装配时经常遇到配套厂家不能按期交货的问题，影响业务的正常进行。而作为关键部件的电池，质量和保障又是重中之重。电池占整车成本的1/3，电源系统占整车的2/3。相对来说，电池的组装工艺比较成熟，采购相应的零配件，以模块化方式组装，准入门槛不高。另外一个长期困扰黄冬梅的问题是每次客户来验厂，因为没有自己的生产工厂，只能把客户带到其他公司，面临着客户被挖的风险或因客户考察不过关而导致业务丢失。鉴于上述原因，黄冬梅决心成立为整车配套的锂电池组装厂。

2017年5月，长兴德立科技有限公司成立，黄青山为法人代表。公司新建项目得到长兴政府的大力支持，获得了1000平方米的标准厂房，给予一年免租金的扶持，帮助公司快速上线形成量产。

2.3 二期孵化

前期进出口公司在入驻世贸大厦三年期间，一直得到长兴县政府各级基层单位的大力支持，享受到很多优惠政策。黄冬梅说，对于草根创业者来说，背后有政府机构的长期追踪和支持，是非常暖心的，也是非常有创业动力的。

2017年，长兴县政府成立了跨境电商园。园区内入驻配套服务商，完善并搭建起整个配套的产业链，园区后期还提供讲座和交流等支持服务。长兴每年会以企业的年销售额进行排名，对于优秀企业进行一定比例的资金奖励。长兴的主导产业是电池，出口单价能达到1000多元，产值比较大。长兴本地做跨境电商不多，黄冬梅的公司2019年在跨境电商出口锂电池业务方面居然实现了2000多万元的产值，公司在锂电池行业年度评比中名列前茅。

2019年4月7日，长兴县政府的第一期孵化期到期，公司由创业起初的5个人，发展到迁移入实体工厂时的10个人。进入孵化期第二个阶段，公司没有入驻跨境电商园区。出于公司整体管理需要，生产和销售部门同步搬迁到政府为公司寻找的国家级科创园区内的实体工厂（带办公区）。

公司现有员工 35 人，其中生产团队 12 人，其他以销售团队为主。长兴县政府要求公司 2019 年税收 100 万元，三年后税收达到 500 万元，增加就业人数 50 人以上。另外公司有装配线，还要求吸收残疾人就业 3~5 人。在与长兴县政府做了上述约定后，公司需要努力朝着这个目标前行。黄冬梅计划在结束第二个三年孵化期后（即 2021 年），购置土地用以自建厂房。有了固定资产的投入，方便公司融资，同时也是实现有个真正的"家"的梦想而结束租用厂房的历史。2019 年，公司目标销售额为 5000 万元，三年以后产值达到 1 亿元，产值和规模将双双达到一定体量。

3 人力资源管理

黄冬梅认为，创业之初就需要确立一系列的管理框架、理念和规矩。对初创企业来说，一个凝合性的框架，方方面面都要考虑到：管理的理念、管理的流程，还有管理体系，都需要做好。这些理念、规矩，有的是指管理制度，有的是指选品，怎么去把控质量，怎么去做售后服务等，比方说新来员工培训后才能上岗。麻雀虽小，五脏俱全。虽不知道公司未来是否能做大，但不能说，理念性的东西就不需要了。黄冬梅说，从创业一开始，指导性的东西是很重要的，不能说雄心壮志，但要有做大的目标。公司目标、公司理念，这些内容看上去很"虚"，挂在墙上，今天看一眼，明天瞄一眼，看久了就在不知不觉中深入员工骨髓。

企业虽小但要有大企业的气势。黄冬梅现在做一个小公司基础框架，从上层建筑（股权）到一个新的流程，尽可能地将全公司的任何一个方面，全部纳入管理体系。如一个垃圾桶应该什么时候去倒？每天倒一次还是两天倒一次？集体打扫卫生还是分配到人？需要一点一滴地完善起来，而且要迅速做好，否则会拖公司发展后腿，最后以更大代价去"补课"。

3.1 全员晋升制度

公司新员工多了，到一定规模后，必须设置管理层级。老员工本来在做管理方面的工作，只是没有正式的名分，长久以往会打压他们工作的积极性。为此，公司分出了若干业务领域专家，提升优秀老员工，为他们树立威信。新员工不懂的地方可以直接找老员工寻求帮助，遇到问题也不会慌乱，有利于新员工迅速上手，快速适应和融入团队之中。总的来说，老员工担任主管后，能防止各部门出现重大事件。目前对他们还没有考核要求，先放权，充分授信。如果一开始设立考核指标，被提拔的老员工很容易打退堂鼓，感觉心理压力大，招架不住，需要一个适应和培养过程。他们以后还可以再升一级为总监级别，统管某个部门的业绩，那时公司会提出一定的任务要求。

公司年初制定目标，一般不会轻易地去变动。目标分解到每一个季度中考核，最好是一个月考核一次。在这个基础上再细化考核，如销售完成率、好评等 KPI 指标。财务部门编制各种季度报表（如利润、退货、损耗、利润率），再让主管分析原因，针对每个销售员提出解决方案和改进措施。这个思路和方法非常奏效，说明考核不是抓"小辫子"，而是希望做得更好。三位主管非常尽力，公司主要在工资或者奖金中来感谢他们的付出。

黄冬梅于 2019 年着手编制《公司员工手册》，形成一套管理体系。最核心的内容在于全公司晋升制度，通过制度规定晋升通道和级别，让所有员工有章可依，充分调动员工的积极性，让他们有荣誉感和进取心。

3.2 全员参与质量管理

创业企业分贸易型和生产型两种。对于生产型企业，黄冬梅认为企业应当把精力集中在产品改善上。因为工厂的本职就是要出优秀的产品，有好产品就不怕找不到帮着卖的人，就像"扭扭车"被研发出来，很快有人买断专利去销售。对于贸易商来说，除了同行，工厂也会直销。贸易商与工厂竞争的是什么？除了产品供应，贸易商和其他代理应该更关注企业的运作服务。打个比方，工厂在天猫上开个店，员工今天一单可以卖到几十万个，所以在半夜三更时分，有一个客户"叮咚"一下，他不见得会很积极地回应，因为本来工作就做得很好了。但是对于贸易型公司来说，要把每一个客户服务好，哪怕客户晚上 11 点、12 点"叮咚"一下，也要积极地做出响应。长期的付出，各方面的评价就会逐渐战胜工厂的优势。反过来，等到贸易商具备足够实力，就可以让工厂做贴牌生产。这个反转的过程，要必须付出比工厂多得多的努力才行。

黄冬梅认为，对于贸易商来说，服务质量是很重要的。公司现在推行全面质量管理，强调全员参与。初创企业招不到人，或者根本没有资金实力去招人，员工人人都要成为全才，参与进来才有积极性，才有主人翁意识，员工才有一种真正的被认同的感觉，有获得感，认为自己是公司的一员，而不是等着被指导做什么事情。比如办公室卫生打扫频次问题，每个人都有不同的想法，集思广益后的做法胜过黄冬梅起初的判断，因为这些做法是结合员工的现实状况得出的。另外，初创型企业效率非常快，头脑风暴后，大家觉得这个方法行得通，或者这个方式很好，就确定下来，马上就实施。因此，黄冬梅认为初创型企业更有机会或者更有时效性去实施质量管理，发挥出全体员工的潜力，可以减轻公司本身的负担。

3.3 精准匹配的人才招聘

人力资源管理一直以来都是黄冬梅的薄弱环节。她知道人力资源管理很重要，认为自己应该在这方面花很大的精力。但现在主要凭感觉行事，比如与应聘人聊天，询问以前做什么？学校学了什么？这种做法有效但也具有侥幸性。

黄冬梅觉得大学毕业生跟企业想招聘的理想人才之间存在脱节。一个企业找一个本科生，不完全是看中他的专业，关键看人的综合素质。这个人有没有一定的认同感，甚至包括讲话时的眼神都能感受得到，是游离不定，还是笃定、淡定。

小城市的小企业很难吸收人才。由于大城市的竞争机制和完善的配套措施，在大城市"镀金"过的人才，他们的眼界就是不一样的。小地方的公司制度很不完善，导致大城市来的优秀人才往往留不住。黄冬梅曾以高薪从杭州聘请一个销售人员，但2个月后这个人就离开了。原因是这个员工要求快速了解一家公司的制度和文化，要求一个明确的晋升通道，并能看到未来的希望，而这些条件小公司往往不具备。

现在公司的招聘方式、方法有些转变，以本地人为主。黄冬梅公司的销售人员都是女性。黄冬梅会与她们深入交谈，要求她们处理好工作和家庭之间的关系，并希望她们明确，但如果想要快速地发展，最好去大城市。但如果想在家门口找到适合自己的工作，不用承受太大的竞争压力，就可以在公司长久发展。但是，也得付出努力，否则依旧会被淘汰。

同时，黄冬梅向从杭州回来的人才伸出"橄榄枝"，希望通过外来的新鲜血液带动内部竞争。招聘时，从源头上、思想上去了解应聘者回乡的原委。

了解后，针对性地提出培养方案。有的返乡人才在乎发展，希望通过付出不亚于大城市的努力，施展从大城市学到的本事。他们认为小企业有成长空间，期望未来配股期权。而有的人往往是家人希望他们留在长兴上班养活自己，安稳一些。对于他们，工资待遇和管理方式比较简单。黄冬梅自然更希望招聘前者，因为他们干劲更足。如果做到思想一致，认同公司后，这些人发挥不错。一般要与他们谈好第一年基本待遇能够达到多少标准，前提是什么；第二年要正式发挥出能量，再来谈个人的价值，一步一步地有针对性地商谈。

3.4　授权与放权

　　黄冬梅逐渐意识到原来的工作思路是有一些问题的，根源在于不放权。之所以不放权，是因为黄冬梅原来认为，当地女孩子毕业后，没有经过大公司的"洗礼"，工作节奏比较慢，缺乏专业素质，个体潜力有限。现在，黄冬梅完全改变了这种先入为主的看法，尝试着去培养小组长和骨干，她们爆发出来的潜力和工作效率完全超过预期，颠覆了黄冬梅的思维定式。所以，不管是"90后"，还是"00后"，黄冬梅都给予足够的鼓励和支持，看她们能走多远。一段时间后，如果不行，再改过来，试错代价是很低的。在做过管理工作以后，他们知道了管理工作的难度，下次就会站在换位思考的角度去想问题了。

　　公司在中层岗位上设置了一个销售经理，一个采购经理，一个内勤管理主管，非常简单。黄冬梅任命这些部门主管，会把她的想法告诉主管。至于部门具体框架、流程等事项完全授权给主管，她只看最后的结果。比如，销售经理看销售量有没有上去？售后主管看投诉多不多？产品经理选品质量行不行？应该看邮件？怎么回复？总之，下面员工的培养也交给主管去负责，黄冬梅放权不管。

　　从运营结果来看，部门主管做得不一定比黄冬梅逊色，甚至有些地方比她做得更好。比如，公司有个做财务的小姑娘，她对数字非常敏感，非常细致，善于把数字化的信息整理成一个简单的、一目了然的表格。这是黄冬梅不擅长的，觉得非常佩服这个小姑娘，经常鼓励她："你太厉害了，这个表拿到我这里我就非常开心。"小姑娘很有积极性，不断地优化表格。到现在，几乎整个公司一个月的详细报表都能一目了然，包括退货率、产品销售金额等，各方面都有。

　　黄冬梅提拔优秀人才为电商小主管，从各个维度去开发潜力。比如有员工擅长客户处理，甚至在发生不好的案例后，还能反败为胜地获得顾客好评。这个潜力挖掘出来后，黄冬梅让她负责售后服务，去把关别人，通过她的签字，能知道整个事情发生的原因和进展，这些本来都由是黄冬梅顶上去的。有一段时间库存积压很大，货卖不动。黄冬梅对大家说："公司价格比竞争对手高了很多，是否要降价？除了价格以外，还有什么办法？我要的结果是把库存消掉。"过了一段时间以后，有个销售员做得很好，采取了反其道而行之的销售策略，不但销售价格高，而且销量大。黄冬梅及时给予奖励，并把它当作一个经典案例分享给新人。

黄冬梅在钉钉上开设一块公告栏目，专门用于公示嘉奖信息，鼓励员工提出新想法和新点子。黄冬梅说，一定要让他们及时地表达出来，能否被公司接受暂且不说，但一定要有激励员工拼命想点子的制度。比如对于新产品开发点子奖励，如果成功，嘉奖一次，加多少分，都有明确制度。最近就有好几个新产品的申请单，提交到公司来做前期测评。

4 经验与启示

4.1 选择熟悉的行业

对于项目选择，黄冬梅和搭档花了很大的代价、功夫去做调研，甚至跑到国外去考察市场，参观各类展会。比如，新品销售反应怎么样？同行怎么评价？产品应该卖到欧美还是卖到日本？黄冬梅根据市场选择不同的产品，现在专注于户外用品和户外体育用品。这两类涉及电动自行车、自行车、头盔、冬天的保温衣、车子尾灯、鞍座、手铃等，类似于整个骑行装备。

一定要选择熟悉行业的项目，还要有前瞻性。运动自行车是近两年兴起的，一开始在欧洲销售，欧洲人乐意接受。他们周末喜欢一家人骑到很远的地方，回来的路上，老人体力不支觉得很累，这个时候他会借助电动助力。看到电动自行车骑行的方便性，他的子女和其他人看到这个，觉得要比脚踏舒服得多，慢慢就接受了。所以黄冬梅强调在产品开发的时候，一定要有前瞻性。

选择项目时还要考虑供应商能力，包括售后服务、配合度都要非常好。

如果找一个二三流的供货商，产品卖出去会砸公司的牌子。黄冬梅前期做过很多项目，走了许多弯路。比如她到杭州外贸服装尾单工厂，跟工厂谈好帮着销售，订了3500件外套、服装、裤子之类的样品。黄冬梅认为自己的眼光还可以，应该比较符合欧美人的眼光。花了大量的精力和代价，请了专业的摄影师来拍照、修图，但销售结果不尽如人意。从此以后，黄冬梅只做自己擅长、熟悉的项目。就是说要选择自己熟悉的行业，跨行业千万不要做，除非有非常得力的工厂配合或者有熟悉行业的人，否则不要去触碰。

黄冬梅认为自己还算比较幸运，所从事的行业属于国家支持的环保新能源，公司才得以入驻离太湖最近的开发区。公司目前没有受到加关税的直接影响，可能是体量还不够大，后续不排除增加关税的冲击。现在产品主要销往欧洲市场，美国市场还在拓展之中。欧洲市场此前曾间接地受到关税影响，整车遭遇到欧盟的反倾销，于是很多整车厂将生产基地转移到越南、泰国等国家。公司电池出口到欧洲没有被列入反倾销名录，因而顺势地争取到一个扩大销售的机遇。

公司并非侥幸躲过这波关税的冲击，而应前期已经做了应对预案和措施。电源产品比较复杂，几伏几安的特性都不一样，报关时可以做技术处理加以规避。比如把电池改装后，装在应急灯源上，摇身一变为野外户外用品。在黄冬梅看来，贸易战有一个起伏现象，公司通过开发一些新兴市场，像国家倡导的"一带一路"沿线国家、东南亚等其他市场，在扩大市场空间的同时带来经营上的安全性。未雨绸缪地做些产品改制，公司加强研发能力，确保能不断地推出新品，吃到"第一口"的红利。不走跟在人家后面打"价格战"的跟随策略，尤其像跨境电商，快才是王道。网上产品曝光快，竞争对手看到后，第二天就可以复制出样品来。

4.2 吸取教训

黄冬梅认为，创业失败，可以是令人深刻的深度学习。黄冬梅以前有个"扭扭车"项目，没有做深度开发，导致销售成绩非常差。黄冬梅在总结经验教训后，认为她没有一心一意地付出最大努力地去做到各方面的精益求精，导致在最好销售节点上没有抓住"风口"，最终导致失败。

"扭扭车"类似于（电力的）滑板车，一开始很多同行在销售，有人问黄冬梅，为什么不试着做做？黄冬梅比较保守，认为新事物会有一定的风险。她买来样品后自己试骑，觉得这个产品存在安全性问题。国外对涉及生命健康或身体健康的产品的安全性要求非常高，万一小孩子重心不稳冲出去，产生身体上的伤害，那么索赔就不得了。有的人不管那么多，产品来了就先卖，卖了再说。这个产品非常火，很多人都赚了大钱，但黄冬梅迟迟没有去碰它。当黄尝试这个项目的时候，市场已经饱和了。黄冬梅觉得这个开发产品的过程，算是一种失败。失败的一个原因是过于保守，想得太多，其实还不如试试。失败的另一个原因就是没有花太大的精力研究它的细节。有没有认证？有没有安全性？工厂出品时，它一定会考虑到安全性、实用性，或者买国际认证保险，比方说国外产品有责任险。黄冬梅没有深入去了解，就是直观地觉得这个东西比较麻烦，或者说自己有惰性，没有花工夫去研究，故步自封导致失败。经历这个教训之后，对于原来搁置的几个项目，黄冬梅全部把它们启动。这对她来说是教训，更是一个触动。

黄冬梅身边有喜欢倒腾但是经常失败的朋友，也有一些成功的人。但就学习来说，失败能够带来更多的学习机会。如果善于总结，善于发现，善于从失败中吸取教训，失败肯定比成功更有意义。当然，对于创业者来说，成功也是一样重要的。如果一味地失败，积极性、心理承受能力等各方面都会受到影响。

对初创业者来说，还要注意风险管控，法律不允许的事绝对不能做。不要投机取巧，钻法律的空子，或者想方设法骗取国家的补助。黄冬梅说，这样会影响到整体氛围，这个圈子都这样搞，政府被伤了，之后就不会再提供更好的政策。所以犯法的事不要做，一定要以诚信为本。

4.3 全方位学习

黄冬梅心目中的创业学习涉及方方面面，分对外和对内两大方面。对外是指整个团队的培养、创建、融合、提炼；对内是自身的素质、管理能力的修炼过程，跟上公司的发展步伐。

一个地区的经济发展需要多方面的共同作用。有一次黄冬梅去香港，那边的节奏非常快。而义乌的一个同行到她这里，觉得长兴舒服，走在街上真悠闲。义乌的中午，饭店都没人，全部吃盒饭。一个地方需要一个氛围，经济形势靠人、靠企业，或者靠政府，单方面肯定是不行的。所谓的深圳速度也好，而义乌模式也好，它们的政府相当前瞻，会比企业先洞悉做什么可以给企业带来更多的利益。或者在落地过程中，政企携手，共创一个优良的营商环境。

　　黄冬梅说，人还是要走出去，原来以为自己付出了100%的努力，但看到别人走路的那种快节奏，回来之后会觉得自己太悠闲了。没有去比较，永远不知道自己的状态。她担心居住在长兴会形成自我封闭，成为井底之蛙。于是，主动去了解外面的世界，了解最前沿的信息。黄冬梅参加各种有关管理的培训课程，或者是跟优秀的创业者一起探讨。她会不时地到深圳去走走，"办公楼晚上10点钟，一片繁忙，我回来后，至少一周会很拼命。这种状态不能丢失"。除了外部的学习，黄冬梅还与身边的人（同事、同行、前辈）一起交流、喝茶吃饭，这属于一种社交活动，能够提供很宽松的环境，并为她带来诸多启示。

　　一是员工培养。看到员工的闪光点，黄冬梅愿意去培养她们，将心比心地与员工交流，在人性化管理的同时不断加压，让大家有个紧张感。黄冬梅几乎每半年就会去深圳充电，到上海取经，邀请专业老师来做培训辅导，营造出一个小杭州、小深圳、小上海的创业氛围。

　　二是团队训练。让所有的团队产生向心力和凝聚力，意味着成功。这些专业的培训跟课堂讲授不一样，请一位财务老师和财务部门员工展开交流，共同探讨怎么把财务报表做得漂亮、精致、精准，可能不现实。在开设增加团队凝聚力的培训时，全公司的人汇聚一堂，再加一部分野外拓展，团队协作。有些东西必须在一个特定的环境下才能够产生。坐在舒适的办公楼里，感受不到那种激情。培训要内外结合，课堂跟野外结合。

　　客户往往会提出一大堆问题，销售员要能抽丝剥茧，明白他们的真实需求。公司曾做过一次实训，发一个案例，内容是关于顾客反馈的问题，要求销售员回复一份英文信，限制在20分钟内完成，然后集体选择出客户最喜欢看的回信。对于好的信函，大家的选择差不多是一致的。销售就是与人打交道、文案思维、总结段落大意，都非常重要。原来不觉得这个事情重要的，通过几轮实训，大家意识到分点逐项把客户问题总结出来，解答他们的相关问题，然后站在专业角度，提出和补充顾客没有想到的内容，这样的写法大家都喜欢，完全可以用一封信高效地达成交易。有的销售员可能要来回折腾10多次，还不能搞定，客户不喜欢非专业的做法。只要去做销售工作，那么段落大意表达一定要到位，否则可以做其他工作，比如去做仓库的数据管理。

　　在编制《公司员工手册》时，黄冬梅感触非常深："如果有条件，应该先读更多的书，学习更多的知识后去创业。可能当时用不到，但以后没有时间和精力再去学，这就是为什么书读得越多，后面走得弯路越少。我打个比方，大学没有学会计，我的搭档在大学学过一门成本会计，现在成本核算他比我厉害，能够做到从源头管控。我大学读商务英语和高级文秘，我在拟合同、整理资料及文案书写等方面会厉害一些。通过一份报告，可以看出个人能力。表达能力好，管理工作一般不会差。"黄冬梅感慨道："如果倒回去，我在大学会想学习数学。在成本核算、数据方面，都是我堂弟算好成本、利润点给我。这个过程中，卖得高了，我就把价格调下来。所以，当你想成为一个全方面发展的人才，或者你将来想去创业，你的数学和语文要学好，不然的话，缺一不可。你做团队管理，没有表达能力，团队开会，你说不出来，或是条理性不好，都是问题。现在才知道，读书时老师再强调都没用，现实遇到才知道它的厉害性。"

4.4 合伙人关系管理

黄冬梅站在创业的角度，她的个人优势在于对外联系、行政管理，如把流程制定好，管理跨境电商，营造好公司氛围，做好产品销售。"我做些细微关照事情，如员工加班，我会煮一些银耳汤、绿豆汤，员工很感动，其实是很小的事情，男生想不到。"

而像内部品质控制，从原材料采购到产品快速换代等环节，"产品会出现重大问题，我没有办法快速更新换代，把控质量。如果我去请一个产品经理来管控，还不如由我的搭档来管理，他更负责，也更精细，我省了很多事情。"

搭档选择要看具体行业，但是所有的搭档必定要看人。不论有多亲疏，一定要了解人品，否则后续将带来无穷的麻烦。黄冬梅对搭档的各个方面都很熟悉，选他做搭档，是他人品好、能力好。双方之间还要建立起信任，才算踏出合作关系的第一步。黄冬梅的搭档负责采购部门，这是个敏感部门。黄冬梅认为不能因为某一批货价格高了，就有嫌疑。大家一定要无条件地信任和支持，相互鼓励。好搭档，要同甘，能共荣，有这个决心和毅力。不然的话，恐怕很难走得长远。

选好搭档，发挥好担当优势。相比黄冬梅有点冒进型的性格，她的搭档属于稳定型的性格。平时两人看问题会有不一致的情况，双方的角度和审美观经常互相补充。他们之间会有争吵、误解和矛盾，但是吵了要及时沟通，把矛盾尽量解决在原始状态。真的解决不了，不能留下来，这个东西容易发酵。

　　曾经有一次产品更新，她的搭档忘记及时告诉销售团队。事后搭档给出的解释是工作比较忙忘了，并认为站在技术角度来看，不同品牌的东西都一样，甚至更好、更便宜，没有对产品品质造成影响，认为这个不重要。黄冬梅不这样看待，认为规定的流程就要执行，况且这样做没有站在销售角度来考虑问题。产品卖给客户是品牌A，不能让客户发现了是品牌B，销售员再来跟客户解释其实品牌B更好。经过沟通交流，她的搭档认识到这个问题的严重性。

　　双方合作这么多年，没有遇到过什么大问题，因为他们一开始说透了。比如如何分割股份？未来如何做？亲戚朋友来了怎么办？两人在茶室里聊了很久，方方面面充分考虑，考虑得很远，把所有可能出现的问题想出来。在大方向定好的前提下，具体实施可以一边走一边改。现在遇到的问题，几乎都是当初设想到的。比如有亲戚朋友能否来上班？原则上是谁管谁负责面试。如果不通过，会把原因告诉对方。

　　信任是在合作中逐渐培养起来的。如做到了所有支出两个人共同签字，合同要规范，公章和签字分开，每笔交易都如此操作。到现在，两个人都不碰钱，让会计来负责，财务的银行卡绑定双方手机。公司越做越大，双方有什么顾虑？如何去管控？这个要从制度上源头上处理好。

　　黄冬梅目前面临着上有老下有小的情况，这个问题不是请个保姆就能解决的，因为要陪伴孩子学习与成长，必须自己抽出时间去处理。她的搭档才32岁，正是最能干的年龄。于是，黄冬梅决定做幕后帮手，从各方面去助推他。虽然公司股份是平均的，但是经营一定要分出个一二三。两人商量搭档做总经理，黄冬梅做副总经理。现在框架比较完整，分为三个部门：电商、外贸、生产。中层管理者有三个人，各自分管一块。黄冬梅负责电商部门，也要向搭档汇报，公司需要塑造一个灵魂性人物，不能让大家觉得两个人说了算或不算。在彻底地沟通和分工之后，大家都轻松，黄冬梅现在干活不太累。

　　搭档不是必需的，但找到好搭档不容易。如果能找到，锦上添花。创业发展到一定阶段，要培养出能弥补自己某方面欠缺的人才。比如有些人数据很厉害、管质量很厉害，要培养成为核心成员。因此，要走得长远，还要有团队建设。

追求自我价值的实现

——李臻颖创办苏湖学堂①

赵　昶

李臻颖于 2006 年考入北京大学，没有想过要去创业，他起初想法是清清静静做学问。大三那年，李臻颖的一个师兄，因为一个机缘，拉了一笔风险投资，2009 年 5 月创立北京北雍教育科技有限公司，李臻颖在 7 月进入公司担任部门总监。当时由于缺乏创业经验，公司的摊子铺得很大，失去管控，核心业务也没有做起来，公司于 2010 年 11 月关门歇业。

公司停顿以后，李臻颖陷入一段苦闷期，心思比较乱，不知道接下来何去何从。他在广安门一带租了一个小公寓，息交绝游。每天读些宋明理学，思考一些根本性的问题。当时，李臻颖勾勒出对生活和工作想法的底线。第一，不接受朝九晚五地坐班。第二，不接受严格的上下级管理制度，因为不太喜欢被管，也不太喜欢管束别人。第三，不接受没有闲暇的工作，因为工作只是生活很少一部分，闲暇是非常重要的。梳理出这几点，李臻颖去了北京的学而思教育机构。

在学而思，李臻颖通过近半年的工作，成为语文名师团队成员。学生和家长给出的网上评价满意率是 100%，这在学而思是很少见的现象。李臻颖发现自己在教育上有一些天赋，好像在教育领域能够达到自己前面提出的几点冀望。原本他是要和学而思公司签长期全职合同的，但有一次李臻颖跟朋友

① 本文根据对李臻颖的深度访谈和对他所创办的苏湖学堂的现场调查所获得的系统资料撰写而成。第 1~3 部分记录了李臻颖创业学习的经历，第 4 部分展示了他创业学习的一些经验与启示。全部故事材料和思想观点由李臻颖亲述，或从学堂调查中获得。前期调查由许胜江组织实施，原始话语记录及录音整理工作由 2015 级企业管理专业硕士生董会芳完成，相应故事素材由许胜江提取。后期调查由赵昶实施。作者在忠实于李臻颖创业史实和话语原意的前提下进行写作，文稿经李臻颖本人审核后授权出版。

聊天时，偶然谈到，与其在学而思上班，还不如回到自己老家办个学堂，顺便还可以种茶（李臻颖的舅舅是紫笋茶唯一的国家级非遗传承人）。李臻颖说，当初很多决定都是一拍脑袋就确定下来了，反正觉得只要大方向是对的，具体怎么决定不是特别重要。

李臻颖大致了解长兴的教育市场，向以前的老师和周围的一些朋友摸了底，觉得市场空间还是很可观的。也打消了此前设想的念头——回来后做一种比较纯粹、传统的书院式教学。这条路基本上走不通，毕竟在长兴这方面的意识还没有形成。李臻颖琢磨一番以后，决定走"曲线救国"的道路：先适应市场需求，但保留一定的自留地，并要与其他的地方教育机构区分开来。这就有了苏湖学堂最早的雏形。

1　学堂创办

2012 年 4 月底，李臻颖从北京回到长兴，开始筹备苏湖学堂。同年 7 月，湖学堂正式开始营业。

1.1　压力与妥协

开始总是比较艰苦的，两间教室还是租赁的。学堂第一期有四十几个学生，李臻颖和一位朋友一起执教，授课一个月，有七八万元的收入，李臻颖觉得挺不错。那时最要命的是来自周围的无形压力，名校毕业生跑回来办培训班，很多人表示不可理解。但李臻颖的父母还算开明，从一开始的不理解到后来看他态度坚决，也默认了。

李臻颖屏蔽了外界很多东西，该怎么干怎么干，就保持这样一个心态，平时更多是在琢磨教学上的事情和招生的问题。青少年宫是一个巨大的生源平台，成为李臻颖早期重要的基础生源地。他非常感谢长兴青少年宫，最开始的时候合作了大半年时间。第一期只有四十几个学生，第二期就有 100 多个学生了。

初创期市场开拓和盈利点的发掘是比较困难的。李臻颖刚回来做苏湖学堂的时候，第一期这四十几个学生，最开始报名都是靠周围的亲朋好友介绍，临开班还有一两天的时候，只有二十来个学生。当时李臻颖真的急了，只有二十几个学生，远远低于他的预估。他以前做事喜欢万事不求人，喜欢自己把自己的事做好就行。但那次李臻颖在纠结之后，掏出手机给熟识的老师打电话，问有没有学生有这方面的需求，过两天就要开班，但是现在人很少。李臻颖第一次感觉到有些事情是要妥协的，可能不喜欢这种方式，但只要它不触碰和违背底线，就不得不去接受或者尝试。后面开办的咖啡馆也有类似情况。因为一开始要吸引第一批客源，起初的活动都是书香味重一点，像电影沙龙、读书沙龙，但事实上来的人很少。最后李臻颖的朋友建议，说搞一次相亲沙龙，他自己不太喜欢，但还是做了，确实效果挺好，相亲沙龙来了好多男男女女。李臻颖感慨道："在初创期，这种感觉会比较明显，你总要做很多妥协，然后你才能把第一拨的盈利点抓住，要不然很难起来。你得不断克服自己性格上的一些东西。"

另外，抵制诱惑也同样重要。比如，一些当地教育培训机构会"给回扣"，但李臻颖坚持按市场规律，以口碑来做市场。虽然学生总量在长兴不算大，但是他们的学生都是很实打实的粉丝，这都是口碑效应带来的。

1.2　课程设计

苏湖学堂的经营方式跟最开始的预想是有一些出入的，李臻颖只想传授中国和西方经典性的东西。"苏湖"源于北宋的教育家胡瑗，苏湖学堂的英文名是 Suhu Academy，Academy 得名于柏拉图的学园，因为他想做一个教授经典、东西兼顾的学堂。

苏湖学堂一开始坚持经典教学，但是学生到了一定量之后，不少家长建议再搭配一点别的课程，把孩子的学习都放在这儿，可以省点心。这样，学堂也开设起早期的数学、科学等课程。开设之初，李臻颖就保持警惕：一个教育机构非常讲究它的原始基因，一开始基因怎么样到最后就很难再改变。这个口子一旦开了，就不太收得住。后面增加的内容跟前面不太一样，前面主要是为了适应家长，后面则是李臻颖的主动搭配，开设美术，尤其是古琴课程。

市场上很多教育机构采取打包式的课程体系，但苏湖学堂不能这样做。苏湖学堂让学生自己选择课程，根据他们的兴趣去选择专题课。在课堂上，苏湖学堂从来不让学生去做题目。数学有数学思维方法，科学有科学思维方法，强调这些思维。老师模仿大学里的专题授课形式，每一讲就是一个主题。教材都是苏湖学堂自己拟定的，四年下来，教材体系比较成形，不同的课程有不同的教学方案。

国学作为苏湖学堂的主打课程，小学生分设写作与国学入门（面向 2~4 年级，以 3 年级为主）、国学提高（3~5 年级，以 4 年级为主）和文学欣赏与创作入门（5~6 年级）三个层次。目的是让教育回到一个正常状态，要有一个正确的态度来应试，做好应试是为了争取更多的空间，这样能去做更多更有意义的事。如果只是为了考试，最后连考试也考不好。苏湖学堂不会直接给学生讲应试，只有到毕业班（初三），才有应试的专题，重在帮学生掌握梳理技巧。

初一、初二讲授文学欣赏与创作，不考虑应试，报名时都与家长讲清楚；初三班顾及应试，有文学欣赏与创作（文学写作为主）和文言文与古诗欣赏（古文为主）两个专题可供选择（一个或两个都选）。

苏湖学堂的国学教育与学校的语文课高度对应，但做到了既不重叠，又让学生感兴趣，这一点李臻颖觉得比较得意。"能做到这样，很多人会觉得很奇怪，这个事其实不难做到。"以初中为例，课程设置基本上每堂课一个主题，可能有社会现实关怀、传统的文化反思，用这样一条主线，把材料贯穿起来。每次课的材料一般是前面一篇古文，几个古诗词，搭配后面一篇现代文。

1.3　放低自我

李臻颖原来是为了闲暇而选择一种创业方式，但在创业后的很长一段时间里，它反而侵占了李臻颖的闲暇时间。这个平衡点很难掌控，很多时候，他不愿意做的事情，不愿意面对的事情，不愿意打交道的人，都得去试着应付。李臻颖意识到，自己需要找到一个平衡点，即怎么样能够保留比较好的自我，同时又能把事情做得不算太差。

很多时候困难不是解决掉的，哪怕不解决，随着时间，困难自己也就没了。比方说像审批这样的事情，因为这种所谓的困难只是一种心绪上的东西，但该怎么做，还是得按部就班地做，只是可能给情绪上带来很多不愉悦感。

李臻颖每隔一段时间就会选择去闭关，像消失了一样，过一段时间又冒出来了。李臻颖一般要么到茶山里去，要么就是到外地，会待上几天，谁也不联系，自个儿干点自个儿的事。大多数时候他并不一定在想问题，只是重新回到他自己"贪恋"的生活状态。每天在乡下散散步，在山上打坐，看书，写写随笔。其实是一种疗养，每当把他自己调试到一种很舒服的状态时，总会感慨自然真奇妙，生命真美好。然后在那种状态下再回到生活当中，所看到一切就觉得更美好了。

一开始的时候，李臻颖的个性还比较强，觉得很多事情必须按自己的思路来做，到后来慢慢妥协来解决。这其中会有一个极端，那时候李臻颖会特别想去照顾到别人的诉求、别人的感受、别人的考虑，把他自己放到最小。那个时候，从他自己本身内部来讲，很多事情没主见，会被这种意见牵走；对外来讲，各种无意义的饭局、应酬，可能都需要去。然后坐那儿无聊着，但有耐性地坐那儿三个小时，这种感觉就是走到另一种极端。李臻颖慢慢地学会找到这么一种平衡，任何一件事情出现的时候，会先跳脱出来，超脱出来，不把他自己当自己，然后做一个判定，这件事情的意义在哪儿，再去做一个决断。所以这点需要一种相对观念，李臻颖觉得需要一种淡一点的心态，把心思放得淡一点，淡了以后就不容易被这个东西所左右。要不然很容易走到极端，或者个性特别强，或者特别容易妥协，其实这都是执着了。现在他的执着心没有以前那么重了，在这一点上，李臻颖觉得也是一种自我的调整。

李臻颖觉得如果一定要说他自己的一个最大优点的话，一定会说他是一个有反思力的人。就像上面所谈到的，在各种事情上，对他自己的行为，李臻颖经常会跳脱出来，反观他自己，把一切事情变得简单化。在整个事业、生活过程当中，李臻颖经常是这样做的。他有写日记的习惯，每天在写日记时候，去观看他自己是怎么一回事。"你的很多行为内心机制是什么？你的依据是什么？在这个过程当中，你心里会越来越舒服，其实就是变淡，很多东西觉得是很淡的，淡淡的。这里面其实有很多东西，所以这时候你的烦恼很少。你的心里总是处于一种淡淡的、喜悦的状态，所以有时候学校也会碰到很麻烦的事情，但我一般很少有情绪，没有产生过特别大的情绪。因为说白了，创业这个事其实也没那么重要。所以在这个事情当中，连带而来的一些具体的小细节，如果你把它看得那么重要，其实就是你一时的感官迷失了。然后在这个状态中，你很容易做出一些不符合你自我预期的事情来，所以这一点可能是自我调整的很好的一个办法。我觉得其实不光说是一个创业的人，可能一个人他对自己有比较多的要求，要求自己越来越完善的话，我觉得自我反思力应该是最根本的一点。"

学堂每次招聘教师，李臻颖都会问一个问题："你觉得教育的功用或者教育的本质是什么？"有几个老师回答反思力，这样的老师他一般都会努力留下来，因为这一点确实是最根本的，教育不是一定要教会学生多少知识。反思力是一个人到最后发现了自己受用不尽的一样东西。正如李臻颖所坚定的教育培训业的本质：救治学生出苦海，发现自性即是佛，顺道随路化点缘。

2 学堂定位和布局

2.1 内心定位

有了一个长远的市场判断后，再加上自己内心深处的某一种渴求，这两者一结合，方向是能定下的。很多事情方向很重要的，方向定了以后，不要轻易更改，也不要随意受干扰了。在这个过程中，肯定会有很多的调整，一成不变那绝对不可能，也做不到。所以就像苏湖学堂现在这个样子也是李臻颖最开始所预期的，但是它最后会怎么样，只要他还在做，并且能够做下去，那应该也是可预期到最后可能呈现出什么样子。

实现途径是可以调整的，因为这个不太重要，关键点在两个方面：一个是一开始定方向的时候，依据什么来定，这个是很重要的。如果这个依据是靠得住的，那这个方向就一定得守住。李臻颖在做苏湖学堂这个事情上，觉得无非是两点：一点是内心深处的某种需求。他办学堂和从事国学教育，是一种生活选择，而不是一种单纯的营利模式。他可以用自己的所长去获得有尊严的报酬，有一群志同道合的人相伴，保留大量的闲暇和自主空间去做自己的事情。每个人其实只是在做事情，过一种生活方式，而不是做事业或者办企业。李臻颖一直相信，做一个事情，如果你不喜欢它，很难做好。你一定是在根底上觉得这个教育，而且是这样一种形态的教育，是你自己满意的，是有价值的，也是能够接受的。

第二个就是分析长远的市场，一定不是以某一个小地域，或者某一个短时间作为参照的，至少像他这个学堂不适合。李臻颖认为，需要考虑的是教育的长远规律和教育的本质是什么。现在所能了解到的教育市场，呈现出的是怎么一个现状，然后长期会往什么方向走。当初正是判断了这些点，李臻颖觉得至少在他可见的年头里，挣精神的钱应该是最好挣的，它一定是一个大有可为的一个事业。

2.2　学堂布点

在创业稍有起色之后，来找李臻颖合作的伙伴特别多。有想让他去设校的，像湖州、安吉、德清都有；也有想入股投资的，甚至有人愿意拿出一大笔钱，挑一个地方试着搞一个全日制的学校。但李臻颖觉得长兴的这种学堂经验比较适合自己，也契合苏湖学堂的名称。李臻颖不想在规模上做得太大，可能在环太湖这一圈，有六七个点，都是小一点的城市。但他想在有三四个点的积累之后，在类型上进行拓展。可能会选择做一个纯粹的书院形式的教学实验，不在乎它有没有盈利或者有没有那么快盈利，这可能需要四五年的积累。

但是李臻颖意识到，必须要有一个像杭州这样大一点的城市，作为一个提升点。杭州这方面的市场氛围又特别好，而且杭州相对来讲认识的人也多，情况也了解，熟门熟路。在杭州提到国学培训，如果苏湖学堂有一定的分量，大家能知道你，这样再去辐射小城市，就很容易。这样，还能解决一个学堂更大的问题——团队问题。在长兴，团队的建立比在杭州要难得多，要说服人才到这个小城市来比较困难。杭州这个点对人才的吸引力比较大，在那里落脚，建立团队，再派往小城市，他的心态不一样的，感觉自己是落在杭州的。

2016 年 8 月，李臻颖到杭州开出第一家学校，现在发展了 3 个教学点，基本完成在城西、城中和城东的布局。当初进入杭州也很偶然，长兴有个学生小学毕业后考到杭州文澜，这个学生家长希望在杭州能够让孩子继续听苏湖学堂的课程。于是热心地张罗家长，邀请李臻颖去杭州做了两个讲座。李臻颖也想看看杭州家长的反馈如何。事实表明家长比较热心，学生素质也不错，于是苏湖学堂正式入驻杭州。

"在杭州创业有个感觉，与长兴相比，我更喜欢杭州的状态：杭州最好的状态是不讲'人情'，讲规矩。小地方会讲人情，但是规矩没有了。规矩会让人做起来更有条理，更自在一些。就教育市场来讲，杭州的感觉，只要东西好，教育体系好，教师好，服务跟得上，这几样做好了，市场会认可。毕竟市场基础这么大，我们以语文和人文的切入，没有涉及太多课程，相对比较容易专而精。其实做教育，每个机构有个特点，从一开始定位会植入一些基因，几年内改变不了。你就像学而思，理科（比较好）；新东方，还是英语（比较出名），哪怕它早就是全科了。现在大家一讲到苏湖，就是语文。杭州类似的学校也多，我们与杭州比较好的语文教师聚会比较频繁，但做得好的比较少，也就3~5家。"

杭州学堂的业务发展速度比较快，前期基本上没有做营销宣传，而是实打实地靠口碑沉淀，让学生来试听，认为好的就留下来。杭州学堂第一期有学生70多人，第二期200多人，现在已达到600多人。就小升初和中考指标来看，在2016年长兴创新班选拔中，面试直接保送的，苏湖学堂差不多占了一半学生。2019年中考，苏湖学堂杭州初三学生，除了2个学生，其余学生都上了前三所学校，主要以学军为主。小升初中，民办的学校入学率为67%左右。

3 学堂人性化管理

3.1 品牌人格化

李臻颖认为苏湖学堂在品牌建设上，有两个事情是比较重要的。首先要有区分化，就是要强调品牌个性。品牌个性又意味着两点：第一，"学堂"两个字给人带有某种古典想象、文化意象，这个时候会有期待。第二，苏湖本身是地域性的，作为地域性有故事可讲，它来自古代的苏湖教法。这里面包含着一种个性化的特点，而且与其他机构的差别是很明显的。其次是虚实相生，因为品牌看不见摸不着，它是虚的。在品牌建设上，虚和实这两个东西的搭配是很重要的。就是第一要有虚的，有文化想象，有能讲的故事。几乎所有的学生家长都知道苏湖学堂的来源，他们原本可能没有接触过历史上的苏湖教法，但因为来了苏湖学堂，有时候开家长会，李臻颖会特地强调一下苏湖的精神来源。这是虚的东西，就是故事，有想象，而且这个想象是大家乐意接受的。最后，要有实的方面，是否能够提供出和品牌所匹配的东西来。名称是苏湖学堂，但如果在补课，那会让人有更大的"恶感"。但是，如果做的就是学堂该做的那些事，而且可能在很多地方也不得已在应试，但是很坦荡地面对这些应试，告诉他们应试的必要性，那么这个就是品牌给人一种信赖感。

在品牌建设过程中，对机会的取舍是很重要的。因为有形形色色的平台或者机会来拓展品牌，究竟是选择性拓展？还是说只要有机会就拓展？李臻颖认为，一定是有取舍的，必须是高度同类质化的平台，李臻颖才愿意去这么做。但比方说像苏湖学堂，除了平时的中小学生的教学，还有不少政府机关、企业日常做的一些培训，这些东西都尝试过。但是李臻颖会去抉择，比方说像政府的一个夜校，他会去讲，觉得可以接受，因为这个东西本身也是对国学的一种传播。但比方说有的地方房地产公司组织业主活动，让李臻颖去讲讲国学，最好还聊聊风水，那他打死都不能接。还有人合作搞夏令营的，去北大清华搞游学营，取了个名字叫领袖力培养，李臻颖一看这个名字就很反感。或者是找一些北大清华的学生，各个省的高考状元陪着当辅导员，然后请两个人来做两场讲座，就这么对付了事，李臻颖认为不能去干。尽管它有可能挣钱，但会砸苏湖学堂的品牌。李臻颖说合作不是不行，而且也可以把苏湖的学生介绍给他们，但是他们一定要按照李臻颖的想法来经营这个夏令营的内核。比方说到北京可以策划一下寻找中国遗落的近代史，顺着一个好的线路，设计一下，稍微花点功夫，但花不了多少钱，成本不高。所以在品牌推广过程中的取舍，是保证品牌建设的很重要的一点。

3.2 师资培养人性化

与人共事，一方面要有一种本源上的合拍，另一方面需要通过时间磨合出来了解和契合。很多人大学毕业以后创业，有一个大学同学的原始团队，大家一块儿合伙创业。李臻颖的尴尬之处在于他是单枪匹马跑回来的，没有原始团队。"在这个过程中，把原本抱着来挣点钱的想法的人，变成团队里愿意跟你齐头并进的人，是我特别需要干的一件事情。"需要把团队打造起来，各有各的分工，能够独当一面。不然，李臻颖自己亲力亲为太累，拓展速度会比较慢。现在他对团队成员非常满意，李臻颖自己主要负责团队建设、教研和对外宣传。其他的能分就分出去，让大家各自自己去发挥。

一开始李臻颖没有制度化的意识，到了后来就感觉到这个问题的迫切性。当然也不能过度依赖于制度化的东西，人毕竟是一个活生生的个体。对于员工每个人的一种个性的发挥，还有对他人的一些关怀，这些是不可或缺的。像苏湖学堂现在作为创业初期的制度层面来讲，人的因素有两点是最重要的：第一点是分工机制一定要明确。苏湖学堂一开始面临过一种尴尬——李臻颖虽然感觉需要人手，但是把人招进来了以后，他发现反而更累。为什么更累呢？因为得想办法要告诉新员工要做什么，不然的话，他们也累。招进来后，刚开始可能活并不多，没有计划性，就是突然冒出个什么活他们去干，这个时候他们会很疲惫，李臻颖自己也会很疲惫。所以这是一个大问题，李臻颖觉得分工很重要。

第二点就是薪酬体系。一开始，作为创业型公司，薪酬体系没有一个特别明确的层级，奖励机制都不明确。但实际上薪酬体系一旦建立起来，它的有效性是立竿见影的。李臻颖把薪酬体系按照制度来操作了，以前还是随意性比较大，这么操作以后，每个人的干劲都很强。

相对于杭州本土培训机构，苏湖学堂的优势在于长兴还有学校，长兴慢慢地成为学堂后勤保障基地和师资孵化基地。第一，长兴生源稳定，团队运转顺畅。在这种情况下，杭州人力资源相对较贵，很多能在线处理的工作，交给长兴的教务团队去完成。第二，新进教师的培养。杭州对讲课教师的要求会更高，家长更挑剔，新教师自己也需要一个锻炼的过程。相比之下，长兴教育市场没有这样挑剔的眼光，对老师有更大的宽容度，一般来说，新教师有良好的教育背景，他们来到长兴，家长是比较认可的，因而能够带到很多课，会有一个快速成长期。如果在杭州排课，一般只能带 2~3 个班，教师成长慢。这种异地孵化机制可以加速新老师的成熟时间，而且也解决了他们的薪资问题。学堂做得好的教师年薪有 30 多万元，一般为 20 万元左右。第一年底薪是 14 万元，其他会给一些补贴。正常教师每周有 4~6 个班，一个班 2 个小时。另外，学堂还推行团队机制，每个讲课老师会分担团队的部分工作，如编制教材、管理公众号等。

李臻颖要求最大限度地发挥每个老师的潜力，不能让他们感到轻松，一定让他们稍紧一点，在不知不觉中完成以前认为不可能的事情。如 2019 年有 2 个新教师说累，李臻颖说："累就对了，我回头看了新教师的讲课视频，对比第一节课的视频和三期上完以后的视频。前后一对照，把它倒过来看，你第一次讲的视频，是心累，是如何把课讲好。三期讲完，是很自然地讲完，是松弛状态，这个靠量堆积。"所以，苏湖学堂坚持每个老师必须一定要紧，至少带 4~6 个班，高强度接触课堂。在这个过程中，也有教师受不了，但这也可以早点让他们发现自己是否适合该行业，从而及早做出选择。

3.3 服务人情化

苏湖教育的售前就是提供公益课程，这种服务方式是很重要的，让学员放心来消费，要不然他可能会有顾忌。李臻颖觉得苏湖学堂在长兴做得比较好的原因是，长兴的其他机构不会这么去做。苏湖学堂有一条是这样规定的：

在苏湖学堂来就学，只要学生不满意，可随时退费。其实这算一种广告，也彰显了学堂的自信，再一个也是对教师施加压力，懂得把控好教育质量关。

对于售中服务，李臻颖觉得其实就是苏湖学堂在教学过程中与家长的沟通反馈。苏湖学堂以班级为单位建立一个家长微信群。对老师也有基本要求，一轮课下来，就是15次课下来，老师至少要跟每一个学生长聊过一次，与家长至少有一次具体的关于孩子情况的交流。让家长能够意识到这点，他们的孩子在这里都是受到重视的。还有一个就是苏湖学堂有一些奖励机制，每一期结束，也跟学校里一样都有评奖，奖品很别致。有一年李臻颖买了很多空白折扇，自己在上面画画，手绘折扇送给学生。学生觉得这个很有纪念意义，比送给别的东西更珍惜。李臻颖回忆："当时这么做还想过一个传播力度，你可能奖给他现金也好，奖一套书也好，他不会帮你去传播。但是你奖给他一把老师手绘的折扇，家长很容易就晒到朋友圈里，这时候传播效应就放大了。"

李臻颖觉得所谓售后意味着学生毕业或不再上课。苏湖学堂和很多家长都是很好的朋友，之前也不乏学生把自己写的书法什么的，给老师裱好送过来当纪念品。追踪关注做不到，但是只要学生出现，学堂老师就能够认识他，这个很重要的，要有回应。不是说他不在这儿上了，就不回应他，这样就不对。还有一个售后可能涉及课堂以外的时间，课堂以内的时间学堂保障他的学习，课堂以外，在数学和科学两个课程，都涉及答疑。现在有微信群以后，开始进行微信答疑。就是在任何时间，学生可以把搞不清楚的问题拍照，直接微信上传给老师，老师一定会给解答。在语文这一块，课下会有一些作文，学生写完了可以让老师帮着修改。然后像古琴、美术，只要老师空着，就可以过来练习，老师可以从旁指点。这样可能也算某种意义上的售后服务。

4　经验与启示

4.1　避免小城同化

李臻颖觉得一个小地方，它的整个创业氛围是特别重要的。像长兴还好，但肯定还有很多不够的地方。营造创业氛围有几个好处：一方面，像大学生创业者，往往是在大城市念过大学回乡的，在小地方很容易有孤独感。李臻颖自己的感受，是缺少志同道合的人，或者说找不到志同道合的人。另一方面，很多精神层面的需求很难得到满足，比如在北京，空闲了去博物馆转转，去听场音乐会，那种感觉会觉得很美、很惬意。但是在小地方很难获得这些精神层面的需求，能不能提升一下长兴的文化娱乐档次，这些看起来跟创业没有太大关系，但其实对创业氛围的塑造和培养有很大的帮助。因为精神诉求比较高的人，他创业的成功率也比较高，他是否选择到小地方创业，李臻颖相信这是很重要的参考点，绝对不仅仅看这里的经济发展程度怎么样，多少多少，其实这些不重要，到哪儿都有。

社会对于创业这件事的看法，也是很重要的。对长兴大部分的人来讲，一个大学生毕业出来首选考公务员，大城市可能好一点，但小地方这种思想非常顽固。李臻颖想，能否有一个类似俱乐部、沙龙一样的活动，组织起来，大家聚在一块儿，有更多沟通的机会，这些活动可以作为营造创业的社会氛围的一部分，因为到最后人要实现的都是精神愉悦感。

一个地方待太久了，这种想法会很强烈。小地方的优点有三个：一是家乡，觉得父母在身边，办事情也比较便利。二是小地方做成一件事情所面临的竞争会更小。三是小地方少了别的很多成本，比如在北京，会有大量的交通成本，时间消耗太大，在这个地方生活节奏缓慢，相对安宁一些。但是到最后会发现，所有原来想的这些好处，往往会形成另外一方面的牵绊或者负面因素，同时小地方本身和大城市相比缺失的东西，在这个地方怎么也得不到补偿。所以在这种氛围下，要长期定在这儿太难，包括老师签合同的时候，都在聊一个话题，希望通过几年可以换个岗位，离开长兴。

李臻颖自己有反思这方面的情况，比如在一开始的时候思路特别清晰：实现一件事情，单论它的本质和规律，这个事情这么做最合适。但小地方难免会有人情世故的观念影响，很多人的第一反应是看是否有人情世故可以绕着走。这样的念头，能让你捡到很多小便宜，但是在很多关键问题上，一定是让你受损的。在格局上，原本是出于自我认定，希望自己做的事情是按照怎样的一个规矩，是怎样的一个性质。但可能做着做着，当在一个环境里久了，做事的格调会不自觉地被影响。很多时候你满意目前的格局，但是实际上如果回到最开始的初心，还有很长的路要走。整体的氛围确实很难改变，如果有效的途径能有益地改善这个生态，就会好很多。

来到杭州后的三年，再次回顾创业环境的问题，李臻颖深有感触，觉得可以从以下三个角度来梳理城市创业氛围：

第一，选择到小城创业和到相对大的地方创业，其出发点、预期目的地和心态是不同的。长兴有大学生创业协会，李臻颖有一种感觉，就整个群体而言，太看重资源，而不是从整个行业来审视，自己能提供什么东西？核心点在哪里？容易把一些非核心、锦上添花的东西，错认为是核心。再大一点的城市，不会给创业者这样的机会，首先会考察大的行业背景，然后进行自我定位。在这个出发点上，双方存在心态上的差异。

第二，怎么样去定义创业路径。相对来讲，在杭州做事情，会让自己更专注，更心无旁骛。喧闹的城市，人更容易静下来。在长兴创业，不是自己在定位，而是周围人在帮你定位。地方小了，大家会谈论你，无论是你的亲戚朋友，还是周围不相干的人，即使是再强大的内心，也容易受到影响和调整。但在杭州，可以把注意力放在本来的样子上，因为什么样的行业做出来都有，同一个行业做出来不一样。所以，这些声音干扰不了你，也没有人愿意去评述你，你就自己做，更愿意把精力放在远景上，更希望如何去完成它。

第三，不是单纯的市场机会，是人思想的可能性。这是一个很生活层面的问题。当初在长兴，李臻颖更多的休闲和娱乐方式，也许是三五个朋友喝酒、聊天，或者去爬个山，去农家乐烧烤。但在杭州，他更乐意一个人静下来，在湖边走走，逛逛美术馆博物馆，有时候空下来，去看个话剧。这时候，更多是沉静性的休闲，与消耗性的休闲是不一样的。没有周围密集的人群，所以沉静性的休闲，使思想有更多的可能性，你看问题会突然换了一个角度和灵感，你渴望去换一个可能，不会太往一个角度走到底。

4.2　追求自我价值

第一，人要真诚地对待自己。李臻颖觉得现在整个周围的人群，特别缺少一种气质，就是对待自己的真诚，李臻颖觉得这是人特别重要的一点。对待自我的真诚，它会带来一种严肃性，而这种严肃性是关乎自己的生命，比如生命的意义何在？这一辈子该怎么度过？人的价值是什么？这一系列的问题，哲学上把它叫作终极问题。哲学看起来离人们很远，但其实是最切身的东西，每个人都绕不过去，但人们很多时候都是稀里糊涂地过去了，当人真诚的时候，反而觉得周围的人用异样的眼光看你，因为显得可笑，所以让很多人学会了和稀泥。但是作为创业人，李臻颖觉得，对自我的真诚这点是很重要的，在学校教育里面有这方面的引导，苏湖学堂在开设类似的课程，希望能够从小教会孩子对自我是真诚的，严肃地对待自己的生命。因为只有当人对自己真诚，比较严肃地对待生命的时候，他才可能有社会责任，有对周围人群发自内心的关照。

第二，李臻颖觉得人做任何事情不能忽略一样东西，那就是趣味，趣味是特别重要的一样东西。李臻颖遇到过很多人，无论是工作的人还是创业的人，在一块儿经常说，最近太忙，经常抱怨所从事的工作。如果抛开所谓的收益，讲到事业本身，还能够眉飞色舞，特别乐滋滋的人太少了，李臻颖觉得这也是很遗憾的事情。其实人应该学会在创业中，不是把创业描绘得苦大仇深，而是把创业当作一个有趣味性的，乐在其中的，是跟对自己生命的发现相关联的事物。如果有这样一种引导，能够达到这样一个效用，那觉得李臻颖真的不存在创不创业这个概念了。

第三，关于创业小成者的自我定位，对此，李臻颖是有不同看法的。创业这个事情，它的动机一定不应该只是界定为要挣钱、要盈利，一定应该是跟自己的生命状态有关联的。在方向设定以后，李臻颖觉得自我的修炼，会变得很严苛，人不应该是一个涣散的人。这个涣散小的时候是一种懒散，无法集中精力去做一些事情，然后更大的时候，每天也很忙，做很多事情，但是他没有滋味。这个是很大的阻碍，要有这样一个机制或者环境，能够让自己入境和凝聚，甚至可以倡导这样一个机制和环境。

第四，关于工作生活观，李臻颖认为对于一个初创业的人来讲，在家庭关系上，特别不适合夫妻俩都去创业。现在李臻颖看到身边有一些例子，夫妻俩可能都在创业，或者在做同一个事业，或者在忙不同的事业，觉得可能会有很多弊端。像李臻颖跟妻子，在他们结婚的时候就约定，妻子将来不是说不工作，但尽量不去从事创业或者朝九晚五的工作，可以从事一些自己喜欢的事情。李臻颖的妻子也是北京大学毕业的，她以前做紫砂、紫砂壶这一块，可以做个紫砂工坊，但是不要把它作为一个创业，或者到哪里朝九晚五地上班，李臻颖觉得都不合适。因为创业真的不能够占据生活当中太大的比重，心态还是那句话——要淡而又淡。因为如果创业占据了生活太大的比重，他觉得到最后肯定还是遗憾的。所以李臻颖认为选择创业，很多时候目的不是别的，而是为了有更自在的状态、更多的闲暇。当然创业很容易走着走着违背这样一个念头，李臻颖觉得还要想着需要的是闲暇，是这样一种更多的自在，而不是有更多的东西在绑缚自己。让自己能够慢下来，因为创业者总是很急，跟打仗一样，觉得那种慢下来的状态，至少对某类创业者会比较合适。另外，对于长兴的创业者来说，一定要抽时间时不时地常去大城市走走看看，因为它有时候会让你感到一种对照，当你在一个地方久了，这样一个对照可能会唤起很多东西。关于规划，李臻颖觉得创业一定要有一个方向，当需要去做判断、做取舍的时候，其实都是以最后那个方向为参照的，这样最后能够保证不会偏离自己的方向。看似没有规划，这个才是最大的规划，有一个一致的衡量标准，一以贯之，然后自然而然能到自己想去的那个地方。要不然做了很多规划，但没有一个连贯的东西，只是眼前看似的规划，这个意义不大。

4.3　发挥专业优势

李臻颖觉得创业与创新是有一定联系的，因为创业即使创的是一个很老的业，很老的模式，有的时候甚至是最老掉牙的操作，但可能见效也很快。所以创业未必需要创新，这个没有必然联系。但是创新是相对创业来讲，怎么样的创业来讲。有两种的创业观点决定了创业必须走创新之路。

第一个是自身希望把这个创业做成一个事业的，以为是依托和乐趣放在里面的，这时候创业少不了创新。因为有一个既有的模式，然后顺着大势走，这里面个人化的趣味点会少了很多。所以这时候创业创新的必要性很大。第二个，假如想让创业能够长期地走下去，少不得创新，因为不创新，肯定在一定时候就走不动，所以李臻颖觉得还是有这么一个辩证的联系。

但是如果从概念上来讲，两者并没有什么必然性的关联。现在好像一讲到创新，它就是一个褒义词、好词，但有时候未必是这样，新和旧本身都是很中性的词。有些情境反而就是去照旧的模式来，用最老实、最土的方式，可能效果最好，但不要把新旧作为一个标准。所以李臻颖觉得那句话还是很对的，在各种问题上，马克思讲实事求是。李臻颖说，有一个小说，写得特别好，叫《天幕红尘》，里面有四个字叫"见路不走"，对李臻颖很有启发。这本小说本身是一个商战套路，但是背后折射的是很多哲学、人性的东西。"见路不走"，这四个字李臻颖觉得非常耐人寻味，现在其实在各行各业有各种各样的路已经走出来了，但是见路不走这种心态并不是说自己不走别人走过的路，而是说，既不会去刻意地模仿，也不会刻意地和别人不一样。因为到最后，最重要的东西不是说已经有了哪些路，更重要的是现在做的是怎么样的事。所以李臻颖觉得很多时候，很多模式应该是自己想出来的，应该专注的点是眼前的项目、在着手做的事情，然后才是接下来决定要走什么路，然后再回过头去看别的路。不一定说看到了这条路，要这么去走，这个先见一旦存在，就比较危险。李臻颖觉得一开始就是建立一条路，到最后再看看别的路，去参照，这种感觉可能更稳妥一些。

李臻颖在创新取向和做法深深地打上了学校和专业的烙印。

在北京大学学习，外在性无非是北京大学的标签，比如说，老师有北京大学的背书，家长愿意来听一听，打交道比较方便。但是，从内在来说，一是在北京大学曾经的求学和生活经历，是读过的书、遇到的教师，以及教育背景的特殊性带来的一些共性。在杭州教育市场上，也有几个北京大学毕业的校友。李臻颖和他们聊天聚会时发现他们有一个鲜明的共性——相对看中专业产品本身。同样是教育培训，有的是靠资本来做，拼命铺门店，教师能力一般，教育体系有漏洞；有的教育机构靠资源来推，靠与民办学校的关联推荐名额；还有一类是靠市场营销来推，专门做市场营销，广告打得非常漂亮；还有一类靠服务来推，可能老师一般，但服务做得很精细，让家长感到很贴心、很周到；还有的靠价格战。李臻颖做的不是这一类，北京大学校友做教育培训，基本上都是以教研、教材为核心导向，对专业具有一种自信度、钻研度，这个是北京大学赋予的。李臻颖会主动屏蔽一些投机取巧的做法，不是清高，而是自己的乐趣、自己的定位，相对还是专业的，不愿意完全做商业行为。

创业中多少要有点浪漫色彩，褒义来讲，它带着一些情怀和责任感；负面来说，有时候会有一些不切实际的，甚至不接地气的操作方式，在别人看来，是很可笑的。但李臻颖他就这么干了，有人觉得这事有点太理想化了。但其实也没什么，只要大局上没有大问题，小节必须保留个人特质。"如果一切都以商业的最大化原则去做，听起来很美好，但自己觉得很无味。当自己觉得无味了，还能到哪里去做最大化，做不好的。"

虽然，李臻颖与团队教师大部分是人文学科背景，但是他们的思维和解决方式，像很多理工科出身的，有一套秩序感。每次设计一个课程，策划一场招生，甚至策划一个公众号上的互动，对李臻颖来说，都像大学时代完成一次小论文，他会用一定的逻辑，把可见的材料堆积起来，进行逻辑性的排列，排列完了，里边一定有好的线索和由头，找到这个切入点，抽丝剥茧地，以一个相对轻巧的方式进行一种更深入性的叙事，这是当时培养的一种思维习惯。李臻颖有时候与人交往也能够找到看似平常不起眼，有意义的切入点，这与当初的学术训练有关系。从人文和哲学背景来讲的话，李臻颖会有自己的一些审美倾向。一个人教养就是不同的审美，审美倾向会传递一些容易更被大家所接受的东西。因为可能有些朋友，尽管是理工科背景，但很多想法具有人文色彩，也是有人文关怀在里边的。

4.4　顺应教育趋势

对于互联网教育，李臻颖和朋友一块交流时，认为2019年可以算是互联网K12教育元年。尽管以前有形形色色的在线教育平台，但其中很大一部分不是真正意义上的K12在线课堂形式。有的是做平台，各种教师可以入驻，没有自己的课程体系；有的是自己机构线下教育的单纯延伸，没有开放；还有的内容很杂，没有建立一种专精系统。但是2019年开始，明显不一样了。在这个行业中，李臻颖看到些细微的动作，他总结说，只要有足够多好老师，特质明显且凝练成一个方向的，机构的生机无限。苏湖学堂招聘教师秉持了同质异类原则，他们的内在质地是接近的，外在表现是一定要区别化的，否则会出现机械的内部复制。但是做大很难，团队小，能够保证这种纯粹度。再扩大规模，纯粹度就很难保证。

李臻颖自己在常规课程之外，开了四期的《中国古代思想史选讲》的特色课程。杭州校外培训课没听说有这类课程，恐怕在浙江范围也不多，一般觉得给中小学生讲授这个太超前了。李臻颖不这么认为，这个课程没有市场刚需，谈的是古代思想。当然备课量很大，而且课程本身很难拓展和复制，完全专属于个人的课程，很难让团队去讲。四期讲下来，越来越有意思，一方面是听的家长越来越多，一堂课都不拉下。前面坐学生，后面是家长，有时候家长比学生多。家长伴随孩子，一起去梳理古人思想的流变，这本身就是很有意义的事情。另一方面，李臻颖也借助这个过程，重新梳理提炼自己的专业。期间出现了好玩的事情，遇到个人跑过来说："老李，我自己还没有孩子。我同学有孩子听你的课程，我像学生缴费一样来听课。"也有家长建议李臻颖开个成人班。李臻颖，准备成立一个"老李会客厅"的小活动，半个月一次，属于公益性质，让有兴趣的成人参与进来，李臻颖做个牵头人，大家共同做个探讨，可能会比成人课程更有意思。

许多家长也是重视人文这块内容，兴趣浓厚。李臻颖在刚开始创办苏湖学堂时，已经设想到把单纯教育行业向文化行业转型。教育行业的好处是短平快，资金门槛低，现金流回笼快，容易扩张，能够建立很好的资金保障。但是教育行不像文化行业，文化行业转向更内核的东西，对人的内在的心理文化有干预，因而它会更长远，有更好的实现感和意义感。一开始李臻颖不敢盲目去做，因为文化是人群堆积起来的，通过教育建立资金保证，能够对人群有更多的接触和把握。现在苏湖学堂有几千人的家长群体触角，各行各业都有。相对来讲，送孩子到这里来的家长，对人文有认可度，后面去做会自然得多，大家开始有这方面的需求，这个时候比较便利一些。目前是以家长群、微信群的形式进行沟通，尽管杂事比较忙，但李臻颖还是以推出公众号文章为契机，与家长探讨一些话题，慢慢地进行线上线下互动。

精细化运营
——马骥谱写家政蓝图[①]

赵　昶

2002 年，马骥到莫斯科国立大学就读英俄本科专业。出国之后，他彻底改变了原来亦步亦趋的思维方式。后因留学的生活费问题，马骥被迫出去打工，由此走上了创业之路。第一次创业可谓成也政策环境，败也政策环境，当然也为马骥挣得了第一桶金。回国后，一颗创业之心始终在涌动，马骥辗转多个行业，后来因机缘巧合，进入家政服务业。他借势而起，发挥专业优势和沟通特长，深耕家政业，事业渐入佳境。

1　留学初创业

2003 年，恰逢国内发生"非典"，莫斯科国立大学不让留学生回国，给留学生签发了两个月的落地签证。不巧的是从家里刚汇过来的学费，马骥还没来得去及缴费，就被偷窃。马骥没有跟家里人提起这个事情，而是请同学们帮忙先垫付学费。第二年，马骥除留出一点生活费，其余的钱全部用于偿还债务。他当时还没去做兼职，每天过得异常清苦。幸亏俄罗斯的土豆非常给力，放在锅里煮熟蘸点盐，一个够一天吃。雪上加霜的是马骥住在校外要坐

---

① 本文根据对马骥的深度访谈和对他所创办的公司的现场调查所获得的系统资料撰写而成。第 1~3 部分记录了马骥创业学习的经历，第 4 部分展示了他创业学习的一些经验与启示。全部故事材料和思想观点由马骥亲述，或从公司调查中获得。前期调查由许胜江组织实施，原始话语记录及录音整理工作由 2015 级工商管理专业本科生邵雨亭完成，相应故事素材由许胜江提取。后期调查由赵昶实施。作者在忠实于马骥创业史实和话语原意的前提下进行写作，文稿经马骥本人审核后授权出版。

地铁，他们的护照又被扒窃，就这样他既没有护照又缺钱地度过了整整一年。后来，他的同学介绍他到一家物流公司去打零工，每个月能赚到200美元。

本科毕业后，马骥没有马上攻读研究生，中间间隔了一年，专心做创业。马骥结识了一位俄罗斯合伙人，注册了一家清关公司，利用库房老板的关系与海关对接。因为大部分都是中国客户，马骥张罗业务，合伙人负责仓储到运送。

原先的流程是从国内发货，经过海关，送到客户手上就完成交割，客户自己怎么卖货与清关公司没有任何关系。马骥想出了一个精细物流配送模式，后续增加一个环节：客户的货柜先送达公司的库房，然后负责为客户做日常化精细配送。为做好精细配送，要先做货柜分拣比如说客户提出明天的销售计划，今天就按照计划配送多少货物。马骥有四辆小货车每天负责配送，形成公司化的物流中心——仓储、分拣、配送。精细化配送服务一经推出，顾客都跑来要求与马骥合作。后来国内物流也加入到整个储运系统中，找国内的海运代理，由他们接货，把货运到俄罗斯，马骥负责办理清关和运输事宜，形成一条龙的服务，完全是门到门的模式，这个模式在短短两个多月就定型确定。

因为这个模式太省心了，客户一看，"我什么都不用管理，这边只要给你一点服务费，库房和工人都省掉了，只需要记住原始货柜里有多少货，就什么事情都不用管了，集中精力做销售就行了"。其他老牌公司也开始效仿，但是马骥占据了天时地利人和，拥有最好的地理位置，能过来客户的都过来了，所以那段时间公司业务挺火的。后来，又陆续引进几个中国股东，但马骥和俄罗斯合伙人的股份还是最大的。公司库房也扩大了一些，业务延伸到保险业务，慢慢地成为一家比较成功的公司。

2 回国再创业

2.1 两次探索

2010年，马骥在家里待了半年，当然也不是闲着。他有点心高气傲，感觉创业应该不难，况且手里有资金，总想做一些事情。当时，国产奶粉不被老百姓看好，很多人换进口奶粉。奶粉代购就是从那时候兴起的，还比较方便运营。但马骥没想过去做代购，他在想是否可以打造一个自有奶粉品牌，于是找了几个伙伴，大家一起分析奶粉市场，看看这个事情能不能做起来。

当时，马骥计划用赠送第一口奶粉的方式进行推广，第一个推广点放在长兴。但最终没有做起来，因为马骥不熟悉国内的推广渠道，对奶粉业也不了解，有点盲人摸象的那种感觉。朋友也规劝他，这样做不现实的，仅凭长兴一个点想把品牌做起来根本不可能，自己带回的那些资金烧不起品牌。同时，他对澳洲奶粉货源也不熟悉，商家还不给铺货，要求必须保证一定销量才给优惠折扣。打造自有奶粉品牌成为一个有头没尾的事情。

后来马骥想去种植金银花。当时，农村兴起土地流转集中种植，叫乡镇龙头种植业。在槐坎有千亩金银花种植基地，有朋友建议马骥可以尝试种植。于是，马骥跑到山东临沂，参观了王老吉的基地（凉茶的主要原料是金银花），感觉蛮有信心的。马骥和槐坎乡的一个村谈了土地承包，基本谈妥200多亩土地，都付了定金。马骥的父亲认为马骥在国外待久了，对国内情况知之甚少，这种情况下去创业或者做一些事情，除非运气好到天上去了，否则像无头苍蝇一样，乱投乱创是不现实的，还是让他先做个过渡。马骥听从了父亲的建议，去了一家有规模的房地产企业，一直做到办公室主任，后来因接手技校工作而离开。

2.2　月嫂培训

马骥的爱人原来是做外贸工作，生完孩子的半年时间里，无事可做。家人提到目前刚兴起的月嫂概念，建议他们尝试去做这个项目。

大城市有好的市场，但是没有能掌握住的资源；小城市虽然地方小，但是资源好整合。2012年，马骥成立了巾帼职业介绍中心，由长兴县妇联牵头，承接长兴县妇保健院购买第三方服务。那时候巾帼职业介绍中心没有自己的月嫂团队，都是从别的渠道聘请过来的。后来中心和杭州小阿华合作，他们派遣月嫂过来。这种方式带来了管理上的麻烦，而且还是替他人打品牌。马骥想自己培训一批人才，组建起长兴本地化的护理团队。长兴县人社局有资质，可以培训育婴员，于是马骥委托长兴县的职业技术与职教中心合作培训第一批月嫂。由人社部门购买培训服务，向社会免费培训。后来很多人陆陆续续地来学习，有报名到妇联的，有报名到人社的。马骥想到是不是自己开这么个学校，把人员集中到这儿来培训。后来由长兴县妇联牵头，马骥和当地的人社局合作，成立长兴县悦兴职业技能培训学校（以下简称"技校"）。

　　2012年底，马骥开始筹备技校，包括选址、招人、准备材料与申报。2013年3月，技校的资质获批。学校开业后，马骥的爱人负责运营，马骥还在房地产项目里工作，只是偶尔客串一下。后来，马骥的爱人说她不爱做这些事情，还是喜欢做外贸工作，于是她重新回到了外贸公司，技校就处于无人管理的状态。当时有一个校长，刚好也是马骥的朋友，就让他照看学校。马骥认为这不是长远之计，于是自己顺势接手技校工作。

3　深耕家政业

3.1　打造品牌

　　正式接手技校后，马骥与相关政府部门展开深度合作，输送技能人才。长兴县民政局授权技校为长兴唯一的养老护理员培训基地，长兴县妇联授权技校女性就业培训基地、育婴员培训基地。技校从当初的育婴专业，拓展到16个专业。业务范围涉及人社部门的劳动力转移、农业部门的新兴农业培训、食品安全管理、复员军人每年的职业培训，教师继续教育培训。技校也被评为市级高技人才基地、省级家政培训示范基地。

　　虽然重心还放在技校上，但马骥的思路已经有了转变，他认为一个纯粹以培训为目的的机构是立不住脚的，必须扎根在产业上面。政府以补助方式加以扶持，能把这个行业撬动起来。但是要生存发展，完全依赖政府资助是不现实的。最后确定了以技校为辅，以职业介绍和家政类服务为主业的发展方针。

　　技校主要的培训科目为家政类服务，包括家政类、育婴类、养老类等，这三块统称为护理。这是学校的拳头产品，也是主打产品。学校高端培训是收取收费，收费不意味着卖证，而是要传授真知识。学员必须保证参加一定课时，没有学满课时，就不能通过考试，以此证明证书的含金量。培训的主要精力花在怎么设计做好课程？怎么分配好知识点？怎么能让真正去学的人在掌握技能的同时又能知道市场真正需要什么？把这些方面研究透了，做精之后，才可以放心地输送学生到工作岗位上去，职业介绍中心才能站稳脚跟。

马骥认为不应期待技校培训能挣多少钱，关键在于把延伸的服务运营好，才能打开市场，从而自然而然地获得效益。长兴作为一个盛产茶叶之乡，马骥借鉴浙江嵊州的"越乡嫂"思路，成立长兴茶乡嫂家政服务有限公司（以下简称茶乡嫂），注册了一个"茶乡嫂"，由长兴县妇联统一颁发"茶乡嫂"证书。凡是能持有"茶乡嫂"证书的人，至少要获得高级育婴师三级证书、家政员五级证书，还有营养配餐员四级证书①。现在，真正的高级月嫂还要具备熟悉一定的传统中医知识，掌握穴位推拿手法，还有乳房护理等方面技能，才有资格发展为一个高级月嫂。

聘请月嫂的是什么样的人群？他们或者是二胎家庭，或者是年轻夫妇，他们本身不了解月嫂，选择月嫂时主要参考月嫂的口才与交流。很多月嫂从业前不具备这些能力的，这也是技校给她们确定要达到的标准要求。马骥认为要对得起月嫂这份高收入，没有几年实训功夫是成不了好月嫂的。

目前长兴的月嫂培训只有马骥技校独家在经营，是官方认可的。技校与长兴县妇幼保健院建立正式的合作关系，允许在院内开展月嫂宣传。几年运营下来，马骥在长兴这个行业中拥有一定的话语权。2013 年有近 500 位学员，2014 年是 900 多位，2015 年学员人数达到了 3200 多位，后续每年持续增长之中。

3.2 建设团队

2014 年，马骥大概花了半年时间，才陆陆续续地把管理框架搭起来。当时，聘请了一位副校长，他从教育局退休，主要负责一些管理工作和与政府部门、公办学校的对接工作。因为职业类培训涉及许多材料、设施设备，而且又成立了一个新操作校区，设置了一个办公室主任岗位。招聘了一个资料员，负责数据库的管理和整理，后来归到办公室管理。财务部门有会计和出纳两人。成立了一个专门招生团队——招生部，有业绩考核的指标要求。另外成立了一个教学组，有自己的老师，还有兼职老师。

2015 年，技校成效喜人，"一个萝卜一个坑"，每个岗位都有人员在编，

---

① 婴师职业共设三个等级，分别为：育婴员（职业资格五级）、育婴师（职业资格四级）、高级育婴师（职业资格三级）。家政服务员共设五个等级，分别为：初级（国家职业资格五级）、中级（国家职业资格四级）、高级（国家职业资格三级）、技师（国家职业资格二级）、高级技师（国家职业资格一级）。营销配餐员设三个等级，分别为：中级（国家职业资格四级）、高级（国家职业资格三级）、技师（国家职业资格二级）。

每个环节形成封闭环节。但是人多了之后，工作衔接上难免会出现一定的问题，其中最为突出的是人力成本太高。像这种小规模的初创型企业，完全不需要这样富裕的人员配置。技校工作人员最多的时候高达 11 个人，还不包括兼职人员。行政人员过多，学校的财务压力是非常大的。从 2017 年下半年开始，马骥着手调整服务部门，当时没有直接地裁员，而是制订了工作计划，下达了工作任务要求，那些能够完成任务的，基本上保留下来。后勤压缩到财务和办公室各两人，其他的就是招生和老师。老师和招生工作有相通之处，招生人员可以做老师，老师也可以负责招生。有些老师树立口碑之后，学生会慕名而来。现在团队是 7 个人，包括马骥自己一共就 8 个人。

马骥认为自己运气特别好，有两名养老护理老师经过朋友介绍而加入技校，她们是卫校的老师。一位是从医院转到卫校当老师的，后来辞职了。她既有教师资格证，又有职业护士资质，也有临床经验，还有教学经验。还有一位是从卫校到医院，后来经人介绍过来的。两位老师都是养老护理员二级技师、育婴员三级，其他的临床证书她们也都有，马骥也让她们在指导其他相关培训工作。

3.3 开发教材

技校培训讲究课程的实用性、可听性，还有要能针对不同人群，采取不一样的讲解方式。护理受训学员是自家庭妇女和农村妇女，以前的教材五花八门，出自不同系统，有人社、卫生系统、临床的。技校为此专门成立了课题研究小组，邀请医院专家、卫校老师等，集中开发统一教材。总的来说，人社部门的教材更适合应试，有些新模块内容；卫生系统的教材比较实用，因为它的体系稳定。

目前学校开发的一套教材，既有人社的内容，也体现了老师的座谈内容，把专家临床案例也放到里面，同时还结合一些新的教学理念，最终形成一套独立的课程体系。马骥坚持认为，产品首先质量肯定要好，第二个要有独立性，大家都有的东西不是什么稀奇的东西，需要突出差异化和独立性。课程的研究是长期性的、连续性的。一般每半年讨论一次，看看有什么需要调整的。上课老师还有督班招生员会把学员们的意见汇总，给后续的调整做参考。

在授课时还要区分街道上课和乡镇上课两种场景，它们是不一样的。送课程下乡的，聘请的老师在沟通方面要能接地气，甚至要放得开一些。在市区里面的，会稍微严谨一些，一来表示尊重，二来让学员感受到课程是非常专业的。还有一批是高级学员，他们有两三年从业经验。给她们上课又要有所不同，会倾向于理论化，又要富有一定的趣味性。

3.4 拓展业务

马骥现在有早教、乐高机器人和大家政三块业务。早教业务是在2018年6月与当地机构整合的基础上做起来的。他还投资引进乐高机器人，目前尚处于引流阶段，在逐步完善之中。大家政把家政、育婴护理和养老结合在一起，打造从人员培训到服务上岗一条龙。由于服务人员稳定，提高起来也比较快，应该说很成功。

3.4.1 养老护理

现代家庭生活质量越来越好，四、五线城市也有很强的家庭服务需求市场。社会养老服务能不能跟上去，关键还在于人，目前市场存在很大的护理人员缺口。技校的工作重点在人的培训上，通过民政这条线对接各个养老院，至于居家养老项目目前还是观察阶段。马骥在医院这方面做得比较好，能够定点输送人员。还有几家医院和技校签署了第三方服务协议，技校直接派出人员去管理，像有些病区有常驻人员。对于常驻人员，医院给一定的报酬，服务整个病区；还有一些病人提出更高要求，也可以单派服务人员。服务人员还能够得到医院专家的培训，技术有保证，沟通也方便，吻合度比较高。

技校每年新培训1500人左右的护理人员，能够满足长兴县妇联的要求，培训后解决就业。既创造效益，也兼顾社会效应。马骥的技校占据医院60%的护理市场份额，其余40%的市场份额主要由自由职业者承担，这些人有较长服务时间，已积累一定的工作经验和关系，很难再介入。有养老资质的医院，至少需要20%的养老护理资质人员。国家取消了养老护理证书，设置了专项能力证书。这些养老护理人员也会有转换到月嫂工作的动力，因为在大家政中，月嫂的工资在长兴最高达到了每月1.58万元，大城市还要高，杭州2万~3万元都属正常的。

3.4.2 母婴月嫂

马骥打造了一个社群，叫作孕妈妈微讲堂，完全是公益型的。定期给孕妇每周两次开设微信课堂，聘请的是长兴县妇幼健院的专家。比如说在怀孕过程中，孕妇有哪个位置不舒服。孕妇是非常敏感的，她就开始上网查，但是搜索到的信息又五花八门，甚至会被误导，让孕妇感到害怕。事实上，这些都是很正常的现象，孕妇会有很多的心理状况，她们需要的是心理疏导。马骥开出了两堂课，一堂是心理课，另一堂是生理课。每期有一个固定主题，专家在微讲堂上面把这个主题说一下，前期也会做一些宣传，比如这期准备讲什么？哪些人需要听？半个小时的课程内容宣传，然后再给出一个小时在平台上回答问题。从 2017 年 4 月开始的，微课堂陆陆续续做了大概 40 多期。马骥不断地调整主题的内容，让它们更有趣味性，再加上长兴县妇联的平台和背景宣传，这样人气累积起来。之后，这批人就成为技校的客户资源，可以后续开发利用，这就是产前的一个工作。

产后有月嫂需求、催乳、产后护理、产后康复等。月嫂聘请期一般为 1~3 个月，2 个月的也慢慢多起来。现在"茶乡嫂"有固定育婴师 32 人，不固定的大概有 40 多人。固定员工连轴转，每个月都会安排任务，一年能做满 10 个月。目前在长兴，像这样运作的只有马骥一家，但是做育婴业务的有 20 来家，且大多是中介公司。消费者会通过多个渠道找月嫂，大部分靠口碑介绍。技校的主要渠道是长兴县妇幼保健院提供的客户，占了一大半，还有一部分客户来自市场推广。现在技校并不是定向推广，会参加一些母婴相关的活动，如早教、产前活动。马骥拥有长兴县妇联认证的品牌，相对来说，在长兴有一定的知名度，只要告诉消费者他们是如何做的，没有必要硬推。

公司育婴嫂员工是长期积累的。每年会培训 600~700 人，她们一般是失地人员（占 2/3）、失业人员（占 1/3），年龄在 40 多岁，大多来自农村，她们有工作热情，但缺乏工作技能。培训后有三个月的考察期，主要做一些服务配合工作，还不能单独操作。长期住在他人家里，要有很高的沟通能力、适应能力，不断地适应新的环境——要适应脾气好的雇主，不好的更要适应；大度的能适应，挑剔的也要适应。很多人坚持不下来，最后能输送到岗位的不超过 10 人。

公司内部建立月嫂星级考核制度，从多方面综合考评：服务单和时间、技能考核、理论考核，还有一个加分项——会按摩、会做营养餐等，考评分成六个星级。固定育婴护理人员一般每个月收入为 5000~6000 元，六星级育婴护理人员除了基本工资和社保以外，还可以拿到 70% 的育婴费，挂靠的可以拿到 80%。五星级和六星级的育婴护理人员，很少由公司派单，是客户带客户，她们的业务基本上提前半年就排好。因此，到了这个水平，她们一般会离开出去自己接单。

聘请育婴的家庭一般很少提要求，反而是公司会很详细地告知他们注意事项。比如公司建议不要随便让生人来抱孩子，当然有时候也不能太较真。这时就体现了月嫂的水平，沟通能力强的月嫂会因为让人很舒服。月嫂住到雇主家里，会因性格、价值观、生活方式的不同而产生诸多摩擦，真正留下来的，能很快调整心态融入新家庭。在一些家庭，产妇心理很复杂，甚至家庭婆媳关系都会影响到第三方月嫂，从而引发矛盾。情商高的月嫂的评价肯定很好，她们能够很快抓住客户心理。

公司每个月在固定时间把她们召回来，开见面会议。让大家提出遇到的问题，共同分析探讨。综合来看，相对来说工作还是愉悦的，不管单子是否好做。好做的单子，肯定是开心的，不好做的单子顺利完成下来也有成就感，这成为她的资历。对于她们来说，提升的不仅仅是收入和技能，更多的是体现自身价值。从事这个行业的人员，大部分来自基层，平时不能够接触到这个环境。她们的审美、气质等整个状态都会提升，人脉也会拓展很多。公司通过文化建设来维系与育婴员的关系，每年会送她们出去旅游放松一下。

3.4.3 衍生产品

女性产后有身体护理和塑身方面的要求，这也成为大家政产业链的延续。马骥建立了一个线上的亲子类活动平台，这个平台靠线下的亲子活动巩固线上的关注度。这些婴儿慢慢长大了，也可以往自媒体这方面引流。等孩子再大一些，会有留学游学的一个机构需求。马骥认为存在拓展的机会，也叫资源深度开发，就是说把这个资源用到极致，不浪费，但是中间的衔接还要讲究策略。现在还只是马骥的一些初步设想，他与合作意向单位进行了沟通探讨。如果能够真正对接起来，那么又一扇门打开了。

4 经验与启示

4.1 做到极致

创业不可能永远坐享其成，一定会有所改变，而且要大幅度地变动，但这也可能会成为创业失败的诱因。因此，怎么去面对变革是最大的挑战。既要保持创业心态和热情，又一定要放得开，不墨守成规。

有时候思考问题表现出一种模式化倾向，就是在原则上，这条路怎么走就怎么走，但实践中，可以去裁剪和变通，省略中间环节。这个不是说偷工减料或投机取巧，没有做好产品的动机，而是为了实现一个目标，完全可以绕过去，换另一条路走，换一种思维模式。有时候甚至会使坏事变好事，毕竟"塞翁失马，焉知非福"。所以，创业，一定要脑洞大开，一件事要做精致，一定需回归初心，把最原始的东西做到位。

不断探索创新，这才是创业的难度所在。马骥现在烦恼的不再是具体的事情，而是莫名其妙地担心，时时刻刻有一种居安思危的心态，总是设想遇到问题了怎么办？怎么走下去？比如说现在政策突然改变了，马骥必须开发出新的项目，让它保持市场竞争性，不是由政府来养活学校，而是让市场来养活学校，找到在市场中的定位，这样才可以稳固。如果市场变了，那又怎么办呢？只能找新的市场，这才是最具挑战性的。产业链中每个环节都有生存的空间，只有做到极致才能有发展的机遇，这是马骥感觉最累的、最难的地方。

创业者一定不能这山望着那山高，在创业的路上，尤其是在获得了一定的成就之后，接触层面宽阔了，站的位置高了，创业者可能会看到其他新的创业机会，往往会认为这个项目能赚钱，那个项目也赚钱，很容易分心。比如说马骥原先做的拓展，偏向亲子活动，还做自媒体运营（长乐帮视频媒体)，后来发现这样的做法存在潜在危机，于是马骥慢慢地抽出精力，只占股份不再参与具体管理。重点提高培训的精准度，确保培训更专业，护理更深入。很多创业者会经历到这种境遇，他总觉得自己有资源能做这个事情，在分散精力的同时，忽略了重要的东西，到最后发现一事无成，失败就失败在这个点上。

4.2 制度管人

以前很多朋友抱怨马骥说话带刺，会不经意间刺到别人的痛处，为此还闹出了许多矛盾，那时候马骥与朋友或同学相处得不是很开心。

学会与人沟通，懂得为人处世，这是马骥创业以来改变最大的地方。

一开始，在和客户交流的时候，完全以一种奉承的心态去沟通，想尽一切办法把订单拿到手。但是后来慢慢地，马骥感觉到这中间也是存在技巧的，通过角度转换，决定如用何种方式去沟通。可以坦率地把目的明确告诉客户，同时让客户意识到你是在诚心地为他做事情。

马骥本身长得斯文，很少跟别人红脸，属于好好先生的那种类型。业务做多了，以非常平和的心态与客户交流，甚至不愿意去得罪他人。在管理上，马骥延续这种风格，导致在员工面前树不起威信。这个是他性格上的弱点，没有办法轻易改变，而且他也不想去改变。后来，马骥想到用制度去约束员工，一开始就把制度定好，不轻易改变。制度上的由制度来管，马骥不参与具体管理，让办公室来管理协调。制度管人的好处就是不得罪人，马骥以现在的脾气去跟他们交流，可以把员工当朋友，体现了人性化的一面。有些员工受不了约束，选择自动离开。能适应的留下来，他们能如期地完成各项事务。以后每次遇到问题，马骥会去分析是制度的问题？还是个人上的问题？如果是制度上的问题，那就是管理上的问题，就要改变。慢慢地调整，调整的是制度不是人。到目前为止比较顺利，但马骥相信还有更好的管理模式。

用兴趣追求梦想

——凌超杰的健身事业^①

凌超杰，出生于1984年，2003年考入温州大学，学习计算机专业，大学期间受温州创业精神的熏陶，萌生了创业的想法。大学毕业后，凌超杰到了一家软件公司做销售员，随着国企改制调整，他选择离职留在长兴。长期健身的兴趣，促使他与一位教练合作创办健身房，曾两次被骗跌入谷底，到今天在圈内小有名气。

在创业的过程中，凌超杰不断总结经验教训，学习和传授创业知识，兴趣与爱好伴随着耀火健身事业的发展。起步于传统的健身房教练中心制，逐渐转型成为现代企业制度的健身房，2014年健身房设立了市场部、教练部和客服部，辞退一些难以适应健身房管理制度的教练，建立以客户为中心的会籍管理，不断地凝练企业的文化，创新发展健身房业务。目前，健身房在长兴已经有了3家分店，还有4家省内外的授权加盟店，并与他人合伙在南通开设耀火健身学院，培训健身教练，不断拓展健身事业。

1 创业精神的萌发

1.1 软件销售

凌超杰在温州大学学习计算机专业期间，感受到温州强烈的创业氛围。

---

① 本文根据对凌超杰的深度访谈和对他所创办的公司的现场调查所获得的系统资料撰写而成。第1~3部分记录了凌超杰创业学习的经历，第4部分展示了他创业学习的一些经验与启示。全部材料和思想观点由凌超杰亲述，或从公司调查中获得。前期调查由许胜江组织实施，原始话语记录及录音整理工作由2015级工商管理专业本科生程超完成，相应故事素材由许胜江提取。后期调查由孔小磊实施。作者在忠于凌超杰创业史实和话语原意的前提下进行写作，文稿经凌超杰本人审核后授权出版。

大一新生入学时，凌超杰刚搬进温州大学茶山校区的寝室楼，见到几个温州新生在下面卖自行车。当时，温州新生见到一栋宿舍楼下地下自行车库空着，于是进了一批自行车在那里卖。这是他第一次感受到同龄人创业。大三时候凌超杰上了一门关于创业的选修课，课上老师分析了温州创业精神，他很喜欢这门课。大学期间的所见、所闻、所学，在他的心里埋下了一颗创业的种子。

2006年凌超杰大学毕业后找工作，应聘到了一家杭州软件开发的公司长兴办事处。这家公司是为电厂做相关的服务软件，以库存软件和资产管理软件为主。在公司做了一年多的硬件维护后，凌超杰被调到车间车库去做电脑维护维修和软件维护。工作一年之后，他发现公司里的工程师、软件设计师专业水平都很高，而且完全有余力承担更多的软件工作。

当时，公司没有承接外面的项目，凌超杰想到拓展公司现有的软件业务。在得到总经理的肯定回复后，他调研了软件外包市场需求和渠道。2008年，在拜访了二三十家单位后，凌超杰接到一个财务软件的外包业务。有一家植物工业油加工企业，面临着普通的财务软件达不到企业的经营需求的问题，希望重新开发一个适合企业的财务软件。公司最终接下这一软件外包业务，赚了4万多元的营业额。

在第一笔外接业务成功后，公司对外开发的软件数目增加，并成立了市场部。公司外聘了一位有多年软件从业经验的市场部经理，凌超杰做他的副手。市场部的主要工作是推销公司开发的资产管理软件（包含流程管理、运营管理和库存管理等）和接洽软件开发项目。公司的软件业务不断发展，主要客户从电厂发展到大型的企业集团，包括需要密集资产管理、密集工作流程管理的企业，如宁波港、北仑港等大型集团公司。

凌超杰喜欢市场部的工作，也喜欢出差在外的状态。软件营销工作出差比较多，每年在外地出差120~150天，主要是在上海、江苏、安徽和浙江四个省出差。出差丰富了他的阅历和经验，销售工作提升了他的沟通与销售技能。

在市场部工作一年半后，因业务调整，长兴办事处进行了裁员。当时的长兴办事处有两三个营销人员，四五个技术开发人员，三个办公室后勤人员。公司总部基于运营成本的考虑进行裁员，把办公室和后勤的人全部裁掉了。长兴办事处调整期间，经理安排凌超杰接手了后勤工作，他在这个岗位工作了三四个月，直到总部派来一个人来接管了这块的工作。在做后勤工作的过程中，凌超杰熟悉了公司内部行政办公、薪酬考勤等事务。2013年，公司决定解散长兴办事处，全部搬回杭州，但公司总部仅给长兴办事处员工安排住宿，薪酬却没有提升，导致大部分员工都不愿意去杭州。而且当时凌超杰的孩子刚刚两岁，需要照看，于是他放弃前往公司总部。

凌超杰在家待业了三个月，总结了就业期间积累的经验和教训。首先，在市场部的工作经验，提升了他的对外沟通与营销技能，为后期创业的市场营销工作奠定了基础，"大部分初创企业肯定要先把销路打开"。其次，"做后勤很锻炼人"，两三个月的行政后勤工作，使他熟悉了公司内部行政管理。最后，公司改制搬迁过程中员工放弃前往总部的教训，使他认识到企业管理层要考虑员工的意见和感受。

1.2　开健身房

待业期间，凌超杰应聘过一些工作岗位后，都觉得不太理想，想找一个相关的软件行业销售工作，然而本地软件开发公司比较少，没找到合适的工作。他的一个兴趣爱好是健身，之前在公司里上班的时候，一周要去六天健身房，即便出差，也会在宾馆也做一些徒手训练。凌超杰夫妻都是在长兴当地的一个健身房长期办卡健身。在一次在健身房锻炼的过程中，他们碰到一个教练，这位教练提议一块儿开健身房。凌超杰在和妻子商量后，选择开健身房。

健身房前期投入为120万~130万元，其中，凌超杰出资20多万元，向父亲借了30多万元，银行贷款20多万元，向亲戚朋友借了几十万元。为什么能拿出20多万元？凌超杰的人生第一桶金也是源自自己的"爱好"。2011~2012年，凌超杰玩电脑游戏时投入了2000元，通过三四个月的尝试，每月回报率达到7%~8%。他分析过后认为游戏投资主要存在游戏公司倒闭和账号被盗的风险，其他风险都很低，于是把当时所有的9万元钱都投进去，一年半后收益达30万元。这是投资健身房的启动资金。

1.3　交学费

资金和教练到位了，接下来是购买器材。这位教练带着凌超杰去周边参观了很多外地的健身项目。教练推荐了一家健身器械厂，并提供了器材设备的图纸、照片和价格。凌超杰在网上简单搜索了相关产品的报价后，很快便签订了器材购买合同，随后打过去款项。凌超杰又租了2000平方米的场地，器材安装完毕后，2013 年 10 月 25 日健身房开张营业。

健身房营业一两个月以后，教练说家里有点事，无法继续在健身房担任教练。凌超杰感激他在创业初期的工作，给他多发了一个月的工资。教练在离开之前推荐了一位职业经理人来做总经理（×总）。×总接手后，招聘员工并进行培训，健身房投入场地与费用，截至 2013 年 12 月底，完成了 50 多名员工的上岗培训。然而，此时×总却把绝大部分培训好的员工带走了。健身房的人员几乎被掏空，只剩下一个经理（候选人）、两个不愿意走的市场销售部人员和两个教练，客服和前台六个人。2000 平方米的健身房应该有二十几员工人才能保持运转，健身房无法开展业务，严重亏损。

原来，×总在德清有自己的健身店，到这里做经理，主要是打着招人的幌子，使用凌超杰的场地和费用，完成自己员工的培训。不仅如此，健身房的器材使用一年后，凌超杰发现器械质量不佳，需要厂家维修。凌超杰去宁靖县寻找器材生产厂商，才发现器材提供商是一家很小的作坊企业。通过调查后得知这家器材供应商的产品质量不佳，整批器材价格在 25 万~30 万元，之前推荐器材厂的教练在采购过程中拿了巨额回扣。刚进入健身行业，经验不足，凌超杰被教练和职业经理人坑了两次，差点导致健身房倒闭。

冬去春来，凌超杰新提拔了副总经理重新招聘员工，并进行培训。2014 年 3 月，副总经理对他说：“凌总，他们一个多月没开会了，人招来了要开会了。”一个周日的晚上 9 点左右，凌超杰走上操房的台子，看到台下有十几双眼睛，他沉默了一分钟，翻开写好的本子，“第一、第二、第三……”，足足有十页。这是健身房新的开始。

凌超杰认为，创业一定要做自己喜欢的行业，就算暂时赚不到钱，即便人财物被“掏空”，只要有兴趣爱好，就能坚持下去，并努力地将事业做好。他想把健身爱好作为终身事业去做，并相信有很大的概率去做好。

2 改善运营

健身房的管理一般是围绕着健身教练进行利润分成。虽然被教练和经理坑了两次，但是健身房在日常运营中却又不得不依赖教练。这种基于传统的健身房管理机制，限制了健身房的发展，凌超杰根据现代企业管理制度，设立了市场部、教练部和客服部等，辞退了一些难以适应健身房的教练，建立以客户为中心的会籍管理，开拓健身房的新业务。

2.1 传统教练中心制

健身房的教练部经理是全国知名的健身运动员（广东省和湖南省的健美冠军），是一位资深教练，是凌超杰从另外一个健身房挖来的。很多人来健身房都是冲着他来的，可以说在整个湖州市，都没有比他更专业的健美健身选手，是耀火健身的头牌教练，这位教练的形象展架在健身房门口放了两年。凌超杰认为这位教练的专业水平很高，个人威望也没问题，为人也还可以。这位教练每个月能给公司带来三四万元的业绩，教练自己的分成也有两三万元，其他普通的教练能给公司创造两三千元的利润。

但是这位头牌教练的观点与健身房的发展理念发生冲突。这位健身教练有点偏执，喜欢传统的个人经验管理。教练部下面人的想法没有到他这里来，公司的很多东西他也没有传达下去，公司上下管理脱节，导致一线的员工基本上没有实现有管理。在很多次公司工作会议上，这位教练经常会唱反调。尽管有些时候觉得他的观点有点道理，然而公司需要发展，要根据集体的想法改善发展。传统做法跟不上健身房的发展，凌超杰跟这位教练沟通了好几次。有几次教练也被说动了："凌总你确实说得蛮有道理的，看来以后的管理还是要改一改。"后来是会员服务上的一个小事情，发现他仍然保持原来的管理理念。顾及他经理的身份，凌超杰找他谈话："要么你看这样，你不当经理，工资还是按原来的算。"这位教练却说他面子过不去，被他拒绝了。

头牌教练的传统管理方法，阻碍着健身房的进一步发展，同时教练部里其他具有管理能力的人，不敢发表观点。教练部是个大部，教练岗位是非常专业的，是技术性非常强的工种，需要每位教练相互分工配合，拧成一股绳。考虑到公司发展的全局，凌超杰不得不在公司发展与名牌教练之间做出抉择，后来权衡再三，凌超杰决定辞退头牌教练。当时很多人非常不理解这一决策，包括这位教练本人，因为这位教练每月给健身房带来的利润远远超过其他教练。名牌教练离开健身房的时候，带走了四位教练，剩下两位教练。

"为什么创业过程中，很多公司慢慢发展起来以后，很多元老被辞退。"凌超杰在反思这个问题，因为他们没有和创业者一起进步，很多思维模式固化，难以适应健身房新的发展。比如说店面管理，做一家店的时候运用某一个管理模式很好，到管理10家店面时，管理理念和模式需要相应地转变，如果还用原来的思维去做肯定不行。因此，员工要和公司一起成长发展。

2.2　企业制度建设

健身房开设之初主要是基于个人经验、关系和能力的人治，很难使用现代企业制度进行管理。创业之初的小企业不要架设太多非盈利的部门，如人力资源管理，最重要的还是市场销售部门，首先保证要自己能够活下来。小企业建立完善的制度和合理的流程，困难比较大。推进制度流程化，最大的阻力来自公司内部。随着企业规模的扩大，企业需要现代管理制度来运营企业。健身房也不例外，全体员工要认识到规范管理的必要性，只有这样才能面对外部（恶行）竞争。这要求企业管理人员不断地学习，在大企业中有培训锻炼的机会，然而创业企业中高层管理者只能边学习边实践，企业员工要把每个环节都打造好，坚持学习，坚持今天比昨天进步一点。

从 2013 年 12 月底开始，凌超杰自己接手管理健身房，决定加强营销管理，逐渐把管理团队再建设起来，设立了市场部、教练部和客服部。2013 年年底，又招来了五六个员工。2013 年底到 2015 年 7 月，凌超杰把所有精力放在市场部，把之前积累的所有市场经验全部传授给员工。在教授的过程中，凌超杰将以前工作上的经验和当下的环境相结合，加入一些自己的思考。在接下来一年半时间的里，在不断的摸索中，健身房平稳发展，盈利等各方面有了起色。

团队建设要基于企业文化，一定要深入企业员工的内心。凌超杰要做的事就是要把公司的价值观传递给员工，使员工的价值观与公司一致。同时，通过培训提升员工的技术能力，使员工的态度与能力符合公司的发展要求，成为公司的合伙人。完整的制度和工作流程化，以及企业文化和全员目标价值观的整合促进健身房进一步发展。

2.3　会籍顾问

市场部会籍顾问负责售前售中和售后服务，从在街上发单，带潜在客户参观和体验健身项目，帮助客户了解健身的目的；客户签约后，售后对客户持续跟进，成为客户的朋友，然后客户再介绍新客户，形成基于口碑网络的营销。

健身房在国外会籍顾问管理（PT）的基础上设计了自身的会员服务档案

表，进行会员健身的全方位管理，提升健身服务质量。会员服务档案表是一个约 50 页的本子，包含了三类信息：第一，会员姓名、电话、办卡日期、办卡的卡种、家庭住址、工作地点、联系方式（电话、微信）、性格、个性等基本信息。第二，会员的性格、说话的特点、家庭财务主导权。第三，健身会所锻炼的项目、期望的项目，以及每次健身的反馈卡等。这些信息有利于健身房了解客户健身的状况。

健身房运用会员服务档案表追踪客户健身的进程、联系客户得到反馈，并根据客户的特点进行改进提升。例如，联系客户时候，需要考虑对联系方式的敏感度，选择是否联系以及联系的方式等。在沟通的时候需要根据会员的性格、语速、讲话的态度等做对应的调整。客户锻炼项目分析，记录客户当前正在锻炼的项目，或他/她期望的项目，比如动感单车、瑜伽课、力量训练、跑步机等，可以适时调整或推荐新的项目。家庭财务主导权会影响会员能否做出是否参与健身的最终决定，一些潜在顾客回家之后被丈夫/妻子说了两句就不办了，因此家里的财务主导权人对健身的态度也至关重要。运用健身的反馈卡及时反馈相关信息，会员每次来健身后，会籍顾问会记录，比如张女士来上了一次瑜伽课感受很好，持续记录跟进，不仅能够了解会员的健身进度，也增进了与会员情感联系，提高了客户的黏性。

2015 年 8 月营业额达到了 3 万多元，9 月的营业额达到了 12 万元，公司开张以来没有做到过，就两个老人带三个新人。2015 年八九月开始，凌超杰正式管理教练部，现在公司业绩已经完全超过了以前。从 2016 年开始，与往年同期相比，平均增长了 30%~40%。凌超杰说："团队建设和管理，特别是公司的中层和带头人之间，最好三观都一致，这个非常重要。"

3　创新发展

3.1　凝练文化

文化是企业的灵魂。员工认同企业文化，才能更好地融入工作，顾客认同企业的价值观，才会接受企业提供的产品和服务。随着耀火健身的不断发展，企业的文化不断凝练，至今已经经过三版的演化发展，逐渐获得员工与顾客的认同。

2015 年 5 月，凌超杰认为健身房的企业文化是"诚信、服务、创新"。健身行业作为一个预收费行业，诚信是第一位的，因为诚信是企业的立足之本。第二位是服务，服务企业一定要把服务做好。把员工放在器械前面，健身者进来后，首先应该接触到一个热情的人，要把人作为一个产品推出去。通过不断地提高与会员的互动性，保持会员的持续性。第三位是创新。耀火健身一直在走创新之路，包括举办一些公益性活动和会员内部的活动，这在长兴是首创的。一般健身房，会员跑来刷个卡，练练器械，洗澡走人，健身房和会员之间没有互动，导致很多会员办完卡就不来了。耀火健身做了很多社会公益活动，包括各种趣味健身竞赛。2015 年耀火健身和长兴的一个创意公司合作，搞了两期"长兴跑男"，设计了各种游戏环节，效果非常好。

2017 年，企业文化进一步凝练为"诚信、感恩、创新"。凌超杰认为，需要进一步让员工了解企业文化，让员工明白耀火健身是员工实现自我价值的平台，实现员工的成长。将耀火健身打造成一个能够让员工学习成长，发挥才华，看到希望的平台。

2019 年，企业文化第三版进一步凝练为"正直、主动，勤于思考、拥抱改变"，对于新版的企业文化，通过"理解"与"行为"两方面来解读。"正直"理解为"做正直的人，说正直的话，做正直的事"；行为方面是"正直、诚实、言行一致、简单不装"。"主动"理解为"这个世界，永远会给积极主动的人让路"，行为方面是"主动的第一要义是执行力"。"勤于思考"理解为"当一个人真正开始独立思考的时候，这个人才拥有真正的灵魂"；行为方面是"带脑子工作，独立思考，独立判断，不随波逐流"。"拥抱改变"理解为"无论你变不变，世界在变，客户在变，竞争环境在变"；行为方面是"面对变化不抱怨，充分沟通全力配合"。

3.2 品牌推广

品牌建设对于初创企业或小企业而言，以人和事件为依托，去推品牌，方式更简单，成本要低，消费者也更容易接受。然而通过新媒体推广，首先要做的是消除"差评"，差评会带来严重的客户流失。2016 年健身房在美团进行了 19 元 1 次的体验推广活动，不久之后发现活动页面下有 2 个差评，这与前台客服态度有关。互联网时代信息本来就是敞开式的，一个差评就可能流失 100 个潜在客户。在运用电子商务平台的时候要注意差评，发现服务短板，不断改进服务质量。同时，注意换位思考，从消费者的角度考虑品牌接受度问题，当企业的品牌还不是很出名的时候，客户更愿意接受企业员工提供的服务。随着健身房的发展，需要注重品牌的建设发展。售后非常重要，把客户服务好，良好的口碑可能带来潜在客户。凌超杰在不断总结电子商务推广的经验后，准备进行新的推广。

一是运用事件营销，加强品牌推广。健身房维护品牌形象的成本很大，品牌定位需要符合消费者的诉求。2014 年和 2015 年，健身房将品牌定位为"庄重的形象"，效果不是很好。2015 年健身房开始推广微信公众号，将品牌定位为"长兴本土最优质的健身品牌"。2016 年，健身房的主题是"做个有情怀的健身房"，但市场一时难以承受这一主题。

二是朋友圈推广，加大影响。凌超杰把自己在朋友圈的形象丰富起来。他坚持每天发朋友圈，让好友看到健身房的理念、文化和促销，他还会发个人的学习感悟、一些创业相关的正能量文章。很多爱健身的好友再转发，慕名来到健身房来结识他。每个月都有二三十人是通过朋友圈了解健身房和办卡的。朋友圈不断地带来潜在顾客，并将其中部分转化为顾客和好朋友。凌超杰也建议员工："以前他们的个人形象是通过直接接触和别人的当面沟通建立的，从现在开始有一个新的个人形象，就是朋友圈；你的人格，整个形象，完全可以在朋友圈里丰富起来；公司不强迫大家，但销售员最好的途径就是通过自己的体验或渠道给客户宣传。"企业员工塑造一个友好、专业、热情、正能量的一个形象，客人自然会找你。健身房通过微信平台播放健身视频，取得了很好的效果。健身房一位女教练雯雯，形象气质身材都较好，和当地拍微电影的公司拍了一套三分钟小视频《雯雯老师教你如何练马甲线》，放到微信平台。微信平台点击量从平时的一两百增长到 4500 多。

三是在激烈的竞争中，日益凸显竞争力。耀火健身广场店地处长兴市中心，位置好，企业经营的成本较高。为了提高员工薪酬福利，企业为员工缴纳的五险一金的金额也在增加。凌超杰最近一两年在城中心新开了几家店，以前城中心没有健身房，但现在已经新开了四五家了，健身房之间竞争日益激烈，而凌超杰的健身房业绩反而增长了。

3.3 健身学院

凌超杰研究了相关数据后，认为中国健身市场潜力还是很大的，当前能够坚持健身的人群占比在 1%～1.5%，在美国这一占比是 30%。一条 200 米的大街上，同时开两家健身房，按照目前的套路，严重同质化，只有走价格竞争，最终两家都很难更新设备，面临倒闭的结局。2019 年，长兴所有的健身房都降价了，但凌超杰反而涨了 100 元。凌超杰认为为健身爱好者提供优质服务是首位的，才能赢得回头客和新客户。

为了从源头解决教练短缺、专业素质低下的问题，延伸健身行业产业链条，2016 年，凌超杰与他人合伙成立叶氏运管。2017 年，叶氏运管公布耀火体育培训计划；2018 年，凌超杰和多位好友一块儿组建耀火健身学院。耀火健身学院占地总面积近 8000 平方米，是集教学、住宿、食堂、休闲娱乐为一体的独立院校。课程全程手把手教学，注重理论与实践相结合，摆脱传统照本宣科的教学方式，把课堂理论应用于实践，在实践中重复考核。针对零基础私教培训业态，致力于培养出一批有着过硬专业素养的健身私教，拥有独特六大课程体系认证，更有国家级及国际级专业认证，耀火健身学院秉承严格的教学理念，学分考核制颁发证书，确保证书含金量。

4 经验与启示

4.1 保持兴趣

一方面，兴趣爱好是选择创业领域的主要动因。凌超杰夫妇都爱好健身，这是他们选择开健身房的最初的动力，将自己的兴趣爱好与事业相结合。在健身过程中，凌超杰认识了一位健身教练，与他一块儿创业，即便在被骗了两次之后，仍不忘初心，克服创业困难，与有健身爱好的人一同拓展事业。现如今，凌超杰不断地进行市场细分，并拓展到健身教育事业中，他仍然保持较高的兴趣爱好，激情不断。

另一方面，兴趣爱好是克服创业挫折的动力。凌超杰认为，创业失败的经历是有价值的，就创业学习而言，失败与成功相比，两个都重要。凌超杰一开始的想法是失败肯定比成功更重要，但后来认为失败的价值就是避免跳坑，成功的价值在于指引作用。有的时候并不是想从那些成功者身上真正获得一些经验，但是从成功者身上，可以学习到一些精神，比如说坚持不懈、面对挑战勇于奋进，这些精神是创业者所必需的。

4.2　坚持学习

一方面，创业者需要不断地学习。创业需要掌握和运用多元知识、包括社会学的知识、政治法律的知识、人际关系等。创业者要 keep hungry，像海绵一样不断吸收新知识和信息。在学习内容方面，不仅要关注成功的创业案例，更加需要总结失败案例的经验教训。成功需要天时地利人和，有很多因素，但失败的话肯定有致命的一个或者几个痛点，这个痛点对后来创业者十分重要。同时，"三人行，必有我师焉"，身边接触到的各种人，可以从他们身上学到各种东西。也可以通过看书，从一些文章、微信公众号来学习。

另一方面，创业要不断地提升学习能力。创业者需要完善自己的性格，提高各方面的能力，如思考能力、沟通能力、协调力、解决问题的能力等。在创业过程中，创业者要一边学习一边思考领悟，不断地提升统筹掌控全局的能力。

4.3　高执行力

执行力至关重要，将学习的新知识，根据企业的实际情况，落地改善提升。执行力比领悟力更重要，只有不断地学习进步，才能更好地为客户服务，促进健身事业的发展。创新是创业的精髓。一个好的创意、好的项目，得到了资金或者其他支持，创业者要不断地整合运用。在执行过程中，创业者本身的能力关系到创意的落实。

创业机会落地不是一步到位的，而是在创业过程中逐步完善的。首先，专业的人干专业的事，很多专业的事情需要找对合伙人，比如职业经理人，是可以由他们负责经营管理的。然后，服务质量意识传递给所有的中层管理者和一线员工认识，设立流程、标准、底线，做好每一个细节，设立服务标准底线，避免将差的服务传递给客户。创业者要对全局有一个统一的规划，要全方位、全过程落实整个服务的环节，提升服务质量。

致　谢

在创业者、有关地方政府部门领导、参与调查和资料整理工作的学生、浙江财经大学工商管理学院的领导和经济管理出版社编辑的支持和帮助下，《实践中的创业者——思考、行动与学习》这本案例集终于出版了。没有他们在案例选择、调查、资料收集与整理、文稿撰写与修改和出版资助等各个环节的支持和帮助，本书无法完成。在书稿付梓之际，对于提供支持和帮助的各方人士，表示衷心感谢！

衷心感谢本书案例中的各位创业者及其创办和经营的企业的相关管理人员！他们抱着极大的信任、花费大量的时间和展现高度的耐心，一次又一次地接受我们对个人和企业的系统调查；畅所欲言，毫无保留，真诚地与我们分享创业过程中的心路历程，提供个人和企业的历史和现实资料；开放现场，供我们观察和调查。使我们能够最大可能地还原他们在创业过程中怎么想和怎么做的事件史，原汁原味地向读者呈现这些实践中的创业者思考、行动和学习的行为方式与活动过程。

衷心感谢长兴县人力资源和社会保障局原副局长程慧群女士和就业管理局主任单锋先生的大力支持！单锋先生在2016年暑期的30天时间中，为我们征集了大量创业案例，协调我们的调查和行动计划，多次陪同我们调查，为师生提供住宿和交通方面的帮助。他还多次参与我们案例选择和文稿撰写的讨论会。程慧群副局长专门听取了我们的调查情况汇报和撰稿情况汇报。

衷心感谢在四年时间中先后参与调研和原始资料整理工作的浙江财经大学工商管理学院的各位同学（详见各篇注释）！他们完成了访谈记录和录音资料转录成文字的艰苦工作。

衷心感谢浙江财经大学工商管理学院前任院长董进才教授的创作鼓励和出版支持！感谢浙江省本科高校"十三五"特色专业建设项目（浙江财经大学工商管理专业）的出版资助！

衷心感谢浙江财经大学工商管理学院院长王建明教授和副院长戴维奇教授热情地为本书作序！

衷心感谢经济管理出版社编辑张莉琼女士的支持！她为书稿的修改提出了建议并进行了大量具体的工作，为它的出版付出了辛勤的劳动。

许胜江　赵昶　孔小磊